세상에서 가장 소중한 **나를 이겨라**

세상에서 가장 소중한

나를 이겨라

BE MASTER OF MYSELF,
THE MOST PRECIOUS BEING
IN THE WORLD

새뮤얼 스마일스 지음 / 이민규 옮김 / 이우일 그림

nomad 노마드 ✒︎

들어가는 글

N포 세대, 사상 최대 청년 실업률 시대에 행복을 자부할 젊은이가 얼마나 될까. 부모 잘 만나 돈 펑펑 쓰는 욜로 족이나 빈둥거리며 놀고먹는 니트족 등이 아니라면 말이다.

취업난, 심화되는 소득 양극화, 무한경쟁의 시대……. 어느 것 하나 손에 쥘 수 없는 암울한 현실은 젊은이들에게 소확행(小確幸)이란 숨구멍을 트여줬다. 주어진 현실에서 손에 쥘 수 있는 '작지만 확실한 행복'…….

로또나 가상화폐 같은 일확천금의 헛된 욕망에 에너지를 낭비하지 말자. 진정한 행복은 작고 소소한 것에서 온다. 감미로운 음악, 실컷 울고 웃게 만드는 영화 한 편, 따스한 아랫목, 친구들과 수다 떨며 즐기는 커피 한 잔, 울적할 때 들춰볼 수 있는 작은 여행의 추억들…….

행복해질 충분한 요소를 갖고 있으면서 행복할 수 없다고 부정하는 건 내 삶에 대한 올바른 태도가 아니다. 불행과 행복이 반반이면 저울은 움직이지 않지만, 불행 49% 행복 51%

가 되면 저울추는 행복 쪽으로 기울게 된다. 삶에서 단 1%만 더 가지면 행복한 것이다. 모 광고 카피처럼 2%가 부족하면 그건 엄청난 기울기인 셈이다.

때로는 나도 모르게 1%가 빠져나가 불행하다고 느낄 때가 있다. 더 기울어지기 전에 약간의 당분(!)을 보충하여 다시 행복의 무게를 맞춰야 한다. 아주 미미한 무게라도 행복 쪽으로 기울여 놓자. 그래서 누군가 안녕한가 물으면 웃으며 잘 있다고, 행복하다고 말하자. 그리고 나를 위해서라면 다 괜찮다고 말하자.

어제는 죽었고 내일은 아직 오지 않았으며 오직 지금 이 순간뿐이다. 인생의 성공 여부는 지금 이 순간에 얼마나 충실한가에 달려 있다. 우울한 사람은 과거에 살고 불안한 사람은 미래에 살며 평안한 사람은 오늘을 산다고 했다.

비록 불만족스럽더라도 웃으며 현실에 충실하자. 지금 하고 있는 일, 지금 만나고 있는 사람, 지금 먹고 있는 음식, 지금 보고 있는 모든 것들을 소중히 여기고 기꺼이 즐기자.

주어진 일에 최선을 다하자. 나의 능력을 세상에 펼쳐 보여주자. 그리고 언제나 별에서 눈을 떼지 말자. 캄캄한 밤하늘에 별이 빛나듯이 꿈은 어떤 역경보다도 힘이 세다.

그리고 아프지 말자. 몸도 건강하고 영혼도 상처입지 말자. 사는 게 뭐 대순가? 내가 괜찮으면 다 좋다.

차례
Contents

들어가는 글 8

Chapter 1. 실패라고? 잠시 멈췄을 뿐이야

아무리 힘든 고난도 성공에 장애가 되지는 않는다 16

천재와 보통사람은 종이 한 장 차이밖에 나지 않는다 21

먹고 싶은 과일은 열매 맺는 속도가 느리다 25

삶을 최대한 즐기자 29

일찍 일어나는 새가 모이를 빨리 찾는다 35

죽을 각오면 못할 것이 없다 38

웃음의 성공학 45

희망은 만병통치약 52

자신을 믿는 사람만이 남에게 성실할 수 있다 56

타인은 내 마음의 렌즈 61

Chapter 2. 나를 인정하기만 하면, 나는 충분히 가치 있는 존재야

내 속에 감춰진 또 다른 '나' 66

말솜씨도 하나의 기술 71

훌륭한 인격은 그 사람의 재산이다 75

누군가에게 오래 기억되는 사람 79

마음의 눈으로 사물을 통찰하라   83

고독한 선구자가 세상을 변화시킨다   88

기회는 사소한 곳에서 찾아온다   92

하루 한 시간만이라도 유익한 일에 투자하라   96

한 사람의 신념이 만인을 구한다   99

시련을 견디는 힘은 신념에서 나온다   104

Chapter 3. 소심하게 굴기엔 인생은 너무 짧아

살아가는 데도 기술이 필요하다   108

인정받고 싶다면 먼저 인정하라   113

빚과 씀씀이   117

언행일치의 소중함   121

자기 수양이 예술의 성패를 결정짓는다   128

활력은 인간을 살아 움직이게 한다   131

의지만이 인간을 지배할 수 있다   134

사람의 마음은 마음으로써만 움직일 수 있다   139

위인과 평범한 사람의 차이는 어디에 있는가   145

자신이 걸어가야 할 길은 스스로 개척하라   150

누구나 행복을 추구할 권리와 의무가 있다   154

유혹이 닥쳐왔을 때 'NO' 라고 말할 수 있어야 한다   157

Chapter 4. 세상은 고통으로 가득 차 있지만,
그것을 이겨내는 일로도 가득 차 있지

열심히 일하라, 인생이 즐거워진다   162

자녀는 부모가 창조한 최고 걸작품   166

편지로 묘사한 초상화   172

쇠는 뜨거울 때 두들겨라   177

인간의 가치는 습관이 결정한다   180

자기 수양에 종착역이란 없다   183

대기만성의 사람에게서 배운다   188

어리석은 사람과 현명한 사람의 차이   194

외강내유형과 외유내강형   199

Chapter 5. 희망이란 가냘픈 풀잎에 맺힌 아침 이슬이거나,
좁디좁은 위태로운 길목에서 빛나는 거미줄이거나

상대의 기를 살려주어라   204

배려는 타인의 마음을 열게 하는 열쇠다   211

자기를 바로 알기   215

얼굴은 그 사람의 마음   222

좋은 친구는 인생의 가장 큰 보물이다   225

참다운 웅변은 말없는 실천이다   230

인생을 변화시키는 한 권의 책   234

처신은 겸손하게, 이상은 드높게   238

이상을 현실에 접목시키는 비결   242

진정한 용기는 부드러움과 공존한다   247

Chapter *1*

실패라고?
잠시 멈췄을 뿐이야

아무리 힘든 고난도
성공에 장애가 되지는 않는다

인간을 완성시키는 것은 독서가 아니라 노동이다. 즉 인간은 문학이 아니라 생활에 의해서 스스로를 향상시키며, 학문이 아니라 행동에 의해서 인격을 다져나가는 것이다. 다른 사람들로부터 칭송받는 훌륭한 인격도 결국은 교육의 힘에서 비롯되는 것이다.

예로부터 과학이나 예술 분야에서 뛰어난 업적을 이룩한 인물들은 대부분 특정한 신분이나 환경에 속해 있지 않았다. 그중에는 부유한 집안 출신도 있었고 형편없이 가난한 집안 출신도 있었다. 대학을 나온 사람이 있는가 하면 겨우 초등학교와 중학교 정도를 마친 게 학력의 전부인 사람도 있었다.

그러므로 최고가 되기 위해서 반드시 특별한 환경을 필요로 하는 것은 아니다. 좋은 환경에서 자랐다고 해서 그가 인격적으로나 사회적으로 훌륭한 인물이 된다는 보장은 없는 것이고, 그 반대의 경우라 해서 반드시 밑바닥 인생으로 살아가란 법은 없다. 오히려 극히 빈곤한 환경에서도 평생 타인의 귀감이 될 만한 삶을 살아간 위인들의 예를 우리는 얼마든지 볼 수 있다.

대개의 경우, 고난은 인간의 성장에 오히려 도움을 준다. 고난은 인내심과 일에 대한 의욕을 불러일으키는가 하면, 때에 따라 자신도 의식하지 못했던 새로운 힘을 샘솟게 한다.

우리가 익히 알고 있는 위인들 가운데서도 스스로 고난을 극복하고 어느 한 분야에서 최고의 경지에 오른 사례는 수없이 많다.

셰익스피어가 극작가로서 명성을 떨치기 전까지 어떤 직업을 가졌었는지에 대해선 아직까지 확실하게 알려지지 않았지만, 비천한 신분이었다는 것만은 분명하다. 그의 아버지가 목축업과 도살업을 하는 사람이었다는 점을 고려할 때 어린 시절엔 양털 깎는 일을 했을 가능성도 있다. 좀 더 나이가 들었을 땐 학교 급사로 일하다가 어느 고리대금업자 사무실에서 서기 노릇을 했다는 설도 있다.

그런가 하면 작품 속에서 나오는 선원들의 용어가 너무도 정확하다는 이유로 그가 뱃사람이었다고 주장하는 사람들도 있고, 『성경』에 정통한 그의 글을 보고 놀란 성직자들은 그가 교회 일에 종사했을 것이라 주장하기도 했다. 심지어 그가 한

때 말(馬) 장수였다고 주장하는 사람들도 있는데, 모두가 그의 작품에 녹아 있는 해박한 지식을 놓고 추론한 것이었다.

그런 의미에서 확실히 셰익스피어는 명배우였다고 할 수 있다. 그는 평탄하지 못한 삶을 통해서 수없이 많은 역할을 해왔던 배우이자 연출자였다. 그러한 삶의 이력이 훗날 그의 작품 속에 훌륭히 녹아들어 극중 인물 하나하나를 살아 숨 쉬게 만든 원동력이 되었던 것이다.

실제로 그는 자기 작품 속에 등장하는 대부분의 직업에 종사했을 수도 있다. 그뿐만 아니라 어떤 비천한 직업에 종사할지라도 주어진 일에 최선을 다했을 것이다. 그렇듯 일에 대한 진지한 경험과 노력이 특정 분야의 전문가들도 놀랄 만큼의 박식함을 가져다준 것은 아닐까?

천문학 발전에 크게 공헌한 사람들 중에도 빈곤한 생활 속에서 성공한 예는 많다.

코페르니쿠스는 빵집 아들이었다. 천체 망원경을 발명한 케플러는 아버지가 경영하는 선술집에서 종업원 노릇을 하며 과학자의 꿈을 키워나갔다.

이탈리아 태생의 프랑스 천문학자이자 대수학자인 라그랑주의 경우도 마찬가지였다. 그의 아버지는 이탈리아 토리노의 관리로, 한때 부유하게 살았으나 투기에 손을 댔다가 실패하는 바람에 빈털터리가 되고 말았다. 그러니 라그랑주의 어

린 시절은 불우할 수밖에 없었다. 그러나 훗날 세계적인 학자로서 명성을 떨치게 된 그는 자신의 성공에 가장 큰 공헌자로 불행한 환경을 꼽으며 자신의 삶을 이렇게 회고했다.

"만약 내가 유복한 환경에서 자랐다면, 아마도 오늘날의 위대한 수학자는 꿈도 꾸지 못했을 것이다."

사람이 의지만 있다면 무엇이든 해내지 못할 것이 없다. 아무리 부유하고 지체 높은 집안에서 태어난 사람이라 하더라도 노력 없이 명성을 얻을 수는 없다. 돈이나 재산은 물려받을 수 있어도 인생을 살아가는 지혜는 스스로 터득할 수밖에 없는 것이다.

＊최고가 되기 위해서 반드시 특별한 환경을 필요로 하는 것은 아니다. 오히려 극히 열악한 환경에서도 평생 타인의 귀감이 될 만한 삶을 살아간 위인들의 예를 우리는 얼마든지 볼 수 있다. 대개의 경우 고난은 오히려 인간의 성장에 약이 되는 것이다.

천재와 보통 사람은
종이 한 장 차이밖에 나지 않는다

"어떤 사람이든 화가나 조각가가 될 수 있다."

이는 세계적으로 유명한 영국의 화가 조슈아 레이놀즈가 한 말이다. 사람이 이루고자 한다면 못할 것이 없다. 문제는 전심전력의 노력과 불굴의 의지에 달린 것이다.

예컨대 고명한 철학자들, 로크나 엘베시우스, 디드로 등은 한결같이 모든 인간은 저마다 천재의 가능성을 갖고 있다고 말했다.

그러므로 그들은 "모든 인간은 그 타고난 재질에 있어서 평등하다. 그렇기 때문에 어떤 사람이 할 수 있었던 일은, 동일한 환경이나 같은 목적을 추구하는 상황에서는 다른 사람도 능히 해낼 수 있는 것이다."라고 주장했다.

물론 선천적으로 타고난 비범한 능력 없이는 제아무리 노력을 한다고 해도 제2의 셰익스피어나 뉴턴, 베토벤 그리고 미켈란젤로 같은 위대한 인물이 될 수 없을는지도 모른다.

그러나 근면과 노력이 빛나는 성과를 이룩한다는 것은 틀림없는 사실이다. 그리고 탁월한 천재일수록 반드시 불굴의 노력자 가운데 있는 것이다.

영국의 해부학자이자 외과의사인 존 헌터의 회고록에 이런 말이 있다.

"나의 정신세계는 벌집과도 같다. 시끄럽고 소란한 것같이 보이지만 실은 질서와 규칙에 의해 지배되고 있다. 그리고 부단한 노력의 결과, 자연이라는 풍성한 창고에서 지식이라는 양식을 거둬들일 수 있는 것이다."

사실 위대한 발명가나 예술가, 사상가, 기타 모든 분야에서 이름을 떨친 사람들의 전기를 읽어보면 그들 대부분이 지칠 줄 모르는 근면과 노력으로 성공을 쟁취했다는 걸 알 수 있다. 그들은 이 세상의 모든 것, 가령 시간까지도 황금으로 바꾸어놓는다.

"성공의 비결은, 자신이 직면하고 있는 문제를 정복하는 데 있다. 그러기 위해서는 다만 끊임없이 노력하고 연구하는 길밖에 없다."

디즈레일리의 이 말처럼 세상을 크게 움직인 사람들은 분명 천재라고 불렸던 사람들이 아니라 노력하는 사람들이었다.

오히려 능력은 평범함에도 불구하고, 무슨 일은 하든 온 마

음을 다해 자기 일에 매달린 끝에 명성을 날리게 된 사람이 훨씬 더 많은 것이다.

아무리 재능이 뛰어난 사람이라도 끝까지 노력하는 자세가 결여되어 있다면, 재능은 미흡하더라도 끈기 있게 노력하는 사람에게 지고 만다. 이탈리아의 격언에 "천천히 걷는 자가 오래 가고 멀리 간다."는 말이 있다. 이것이 곧 진리다.

＊근면과 노력이 빛나는 성과를 이룩했다는 것은 틀림없는 사실이다. 그리고 탁월한 천재일수록 반드시 불굴의 노력자 가운데 있는 것이다. 그들은 이 세상의 모든 것, 가령 시간까지도 황금으로 바꾸어놓는다.

먹고 싶은 과일은
열매 맺는 속도가 느리다

어떤 청년이 바이올린을 배우기 위해 지휘자를 찾아갔다.

"제가 바이올린을 잘 연주하려면 기간이 얼마나 걸리겠습니까?"

청년의 물음에 지휘자가 대답했다.

"제대로 배우려면 하루에 열두 시간씩 연습한다 처도 통틀어 20년은 걸리지."

물론 단순한 연주 기법만 익히는 데 20년씩이나 걸리지는 않는다. 20년이라는 세월은 그가 훌륭한 바이올린 연주자로서 성공할 수 있는 최소한의 기간을 뜻하는 것이고, 경우에 따라서는 평생이 걸릴 수도 있을 것이다. 이처럼 어느 한 분야에서 최고가 되기 위해선 나름대로 뼈를 깎는 노력과 희생이 뒤따라야 한다.

마리아 탈리오니는 이탈리아가 낳은 세계적인 발레리나로,

특히 발가락 끝으로 춤을 추는 로맨틱 발레로 명성을 떨쳤다. 그녀의 화려한 성공 뒤에는 아버지의 철저한 가르침과 본인의 눈물겨운 노력이 있었다. 그녀는 무대에 서는 공연 당일에도 아버지로부터 고된 레슨을 받아야 했다. 뿐만 아니라 공연이 끝난 저녁에도 아버지의 감시 속에서 매일 두 시간씩 맹연습을 했다. 간혹 연습 도중 과로로 쓰러지기도 했는데, 그때마다 그녀의 아버지는 차가운 해초 따위로 딸의 몸을 비벼 정신을 들게 한 다음 다시 연습을 시켰다. 관객을 매료시키는 그녀의 춤은 이와 같은 고된 훈련을 통해 얻어진 것이다.

최상의 진보는 그 속도가 생각보다 느리다. 위대한 성과는 결코 짧은 시간 내에 얻어지는 것이 아니다. 성공이라는 결실을 위해 한 걸음 한 걸음 착실하게 인생을 걸어나가라.

"기다리는 법을 아는 것이야말로 성공의 최대 비결이다."

프랑스의 정치가 메스트르의 충고는 결코 헛된 것이 아니다. 농작물을 거둬들이기 위해선 먼저 씨를 뿌려야 한다. 그런 다음에 수확의 시기가 올 때까지 참을성 있게 기다려야 하는 것이다.

대개의 경우, 가장 기다려지는 과일일수록 늦게 열매를 맺는다. 맛있는 과일을 좀 더 일찍 먹고 싶은 욕심에서 익지도 않은 열매를 땄다가는 반드시 후회하기 마련이다. 그렇기 때문에 무슨 일이든 서둘러 성과를 얻으려 해선 안 된다.

끝까지 희망을 잃지 않고 기다리되, 매사에 쾌활하게 대처할 것!

쾌활함이야말로 정신의 훌륭한 자질이다. 인생의 참뜻은 그 9할이 쾌활함에 있다고 했다. 쾌활함을 잃지 않고 근면하게 노력하는 사람은 스스로 성공과 행복의 무대를 마련하는 사람이다.

무슨 일을 하든 명랑하고 쾌활한 기분이어야 보람도 커진다. 자신감과 활력은 바로 쾌활한 정신에서 비롯되는 것이다.

보잘것없는 뽕나무 잎이 아름다운 비단으로 모습을 바꾸기 위해서는 반드시 시간과 인내가 필요하다. 작은 새순이 자라 이윽고 누에의 양식이 되고, 또다시 직조공들의 수고로움을 거쳐 누에고치가 실이 되기까지는 참으로 오랜 인내의 시간이 필요한 것이다.

그러므로 열심히 노력하고 최대한 기쁜 마음으로 결실의 시간을 기다려라. 그리하면 달콤한 열매가 그대 앞에 놓일 것이다.

＊최상의 진보는 그 속도가 생각보다 느리다. 위대한 성과는 결코 짧은 시간 내에 얻어지는 것이 아니다. 성공이라는 아름다운 결실을 위해 한 걸음 한 걸음 착실하게 인생을 걸어나가라. 그리고 인내심을 가지고 기다려라.

삶을 최대한 즐기자

훌륭한 사람이 된다는 것은 그리 어려운 일이 아니다. 언제나 명랑함을 잃지 않고 재산이나 권력, 명예보다 현재의 삶에 만족하면서 즐겁게 살아가려는 마음을 가진다면 당신도 훌륭한 사람이다.

게으름부리지 않고 주어진 일에 최선을 다하면서 작은 일에도 기뻐할 줄 알고 유쾌하게 하루하루를 보내는 것이야말로 위대한 삶이다. 꼭 눈에 보이는 결과를 이룩해 명예를 얻고 부를 쌓는 것만 위대한 인생은 아니다.

『실낙원』을 써서 유명해진 밀턴은 말년을 매우 비참하게 보냈다. 그는 한때 정치에도 관여하고 혁명적 투사 기질을 보이면서 젊은 시절을 바쁘게 보냈다. 그러다가 말년에 왕정이 복고되면서 처형당할 뻔한 위기를 넘긴 후 조용히 시골에서 은둔 생활을 하였다. 게다가 엎친 데 덮친 격으로 눈이 실명

되면서 심한 좌절과 정신적 혼란을 겪기도 했다. 그런데 바로 이때 그는 젊은 시절부터 10년 동안 구상해오던 대서사시 『실낙원』을 쓰기로 작정하였다.

오랜 시절 꿈꿔왔던 작품에 착수하기 시작했지만 그는 눈이 보이지 않자 또 한 번 실의에 빠졌다. 배신과 실명, 땅에 떨어진 위신, 지나간 시절들이 파노라마처럼 스치면서 그는 분연히 일어섰다. 장장 열두 권에 달하는 분량의 『실낙원』을 딸들에게 받아 적게 했다.

그의 말년은 타인의 눈에는 비참해 보였을지 몰라도 밀턴 자신에게는 즐겁고 보람 있는 하루하루였다. 진정으로 자신의 모든 능력을 쏟아부을 수 있는 일이 있었기 때문이다. 창작이야말로 그의 삶을 즐겁게 해주는 출구가 되었다.

영국의 시인인 새뮤얼 존슨 역시 가혹한 운명에 굴복하지 않고 늘 용기백배해서 희망과 친해지려 노력했다. 그는 결코 자신이 처한 환경을 탓하지 않았으며 매사에 충실한 삶을 살았다.

어느 날 한 목사가 농촌 사람들의 나태함을 꼬집는 발언을 했다.

"농부들은 입만 열었다 하면 송아지 이야기뿐이에요. 관심사가 너무 한정되어 있단 말이오."

그 말을 들은 어느 농부가 되받았다.

"아마 새뮤얼 존슨이었다 해도 송아지 이야기뿐일걸요?"

자신이 속한 환경이 농촌이고 목장이면 송아지가 병에 걸리지 않고 잘 자라기를 바라는 것은 당연하다. '더 좋은 사료가 없을까, 어떻게 하면 더 좋은 품종을 개발할 수 있을까, 더 튼튼하고 잘 자랄 수 있게 할 방법이 없을까.' 하고 고민하는 것이 어째서 나태하다는 것인가.

새뮤얼 존슨은 "사람이 나이를 먹다 보면 성격도 보다 원만해진다."는 말을 한 적이 있다.

연륜의 소중함을 일깨우는 말이다. 젊었을 때 성격이 뾰족하고 깐깐했던 사람들도 세월이 흐르면 둥글둥글해져 친화력을 갖게 된다.

그러나 정치가였던 체스터필드는 "사람이 나이를 먹다보면 원만해지기는커녕 더욱 완고해질 뿐이다."라고 말하여, 새뮤얼 존슨과 정반대의 생각을 피력하기도 했다.

체스터필드는 인생을 냉소적으로 바라보았고, 존슨은 따뜻하고 긍정적으로 바라보았다. 두 사람의 의견 모두 일리 있는 말이지만, 여기에서 두 사람의 시각 차이가 확연히 드러난다.

인생이 각자의 기질에 의해 지배된다는 것을 고려할 때, 두 사람의 주장은 제각기 설득력을 갖고 있다. 따뜻하고 순수한 사람이라면 풍부한 경험을 바탕으로 자기 단련을 거듭해 성장을 꾀할 테고, 냉소적인 사람은 아무리 풍부한 경험을 쌓았다고 해도 그것을 비료로 삼는 자생력이 없다.

평생 동안 부지런히 자신을 단련하면서 인생의 마지막 순간까지 창작으로 일관했던 월터 스콧도 항상 밝은 미소를 잃지 않았다. 그는 누구를 만나더라도 먼저 상냥하게 말을 건네며 자주 입가에 미소를 띠었다고 한다. 그런 사람한테서 위압감이나 권위의식을 찾아보기란 어려울 것이다.

작가 워싱턴 어빙에 대한 일화에도 이와 비슷한 예가 있다.

메를로즈 수도원에서 관리 일을 했던 조니 바우어라는 사람은 어빙의 소박한 성품을 이렇게 회고했다.

"어빙 선생은 수도원에 오면 언제나 조니! 조니 바우어, 어디 있나? 하면서 절 찾으셨고, 웃으면서 먼저 손을 내밀어 반갑게 인사하곤 했어요. 학식이 많고 유명한 분이라고는 믿기지 않을 정도로 쾌활하고 소탈하셨습니다."

평론가 시드니 스미스 역시 쾌활한 기질의 미덕을 보여주는 좋은 예다.

그는 모든 일을 항상 좋은 쪽으로만 해석하는 편은 아니었다. 그러나 짙은 먹구름 뒤에는 빛이 숨어 있다는 것을 잘 알고 있었다. 그는 교구의 사제직을 수행하고 있을 때에도 항상 근면하고 남을 배려할 줄 알았으며, 참을성 있는 태도로 전형적인 신사의 모습을 보여주었다. 그리고 바쁜 와중에도 틈을 내어 정의나 자유, 교육과 관용을 옹호하는 논문을 썼다. 그의 글들은 풍부한 상식과 밝은 유머 감각이 돋보여 많은 독자를 확보하였다.

선천적인 쾌활함과 정력적인 일 욕심으로 건전한 일생을 보냈던 스미스는 말년에 병으로 고생할 때도 친구에게 특유의 낙천성을 잃지 않는 여유를 보여주었다.

"관절염과 천식 등 병명이 일곱 가지나 되지만 그 외에는 다 건강하니 그나마 다행 아닌가?"

아마 보통 사람 같았으면 일곱 군데나 아프니 내 삶은 끝난 거나 다름없다며 한숨만 쉬고 있었을지도 모른다.

인류사에 위대한 업적을 남긴 과학자들은 하나같이 활달한 성격의 소유자였다. 갈릴레오, 뉴턴, 데카르트, 라플라스가 그 주인공들이다. 특히 물리학자이자 수학자인 레온하르트 오일러는 두드러진다.

그는 말년에 시력을 완전히 잃었지만 불굴의 정신으로 집필에 몰두했으며, 늘 부드럽고 유머가 넘치는 말솜씨로 손자들과 즐거운 시간을 보냈다고 한다.

또 『브리태니커 대백과사전』의 초대 편집장이었던 로빈슨 교수는 노환으로 더 이상 일을 할 수 없을 때까지 손에서 책을 놓지 않았다고 한다.

제임스 와트에게 보낸 그의 편지를 보면 그가 얼마나 즐거운 마음으로 학문에 임했으며 1분 1초를 아꼈는지 잘 알 수 있다.

"학문의 세계에 빠져들면서 나의 어린 영혼이 성장하고, 인식에 대한 본능이 눈뜨는 것을 관찰하는 것은 커다란 즐거움이었다. 내 인식욕의 의지를 더 펼칠 수 있는 시간이 앞으로 얼마 남지 않았다는 것이 참으로 유감스럽다."

★ 주어진 일에 최선을 다하면서 작은 일에도 기뻐할 줄 알고, 유쾌하게 하루하루를 보내는 것이야말로 위대한 삶이다. 꼭 눈에 보이는 결과를 이룩해서 사람들의 입에 오르내리고, 명예를 얻고 부를 쌓는 것만 위대한 인생은 아니다.

일찍 일어나는 새가
모이를 빨리 찾는다

"천재란 곧 인내심과 통한다."

프랑스의 박물학자 뷔퐁은 스스로의 말을 행동으로 증명해 보인 인물이라 할 수 있다. 그는 박물학 분야에서 탁월한 업적을 남겼지만 원래부터 재능이 뛰어난 편은 아니었다.

실제로 그는 두뇌도 그다지 명석하지 못하고, 게으른 성격이었다. 유복한 가정에서 태어났으니 굳이 열심히 일할 필요도 없었다. 어느 날 뷔퐁은 심각하게 자신을 돌아보았다.

"과연 이렇게 살아도 되는 걸까? 이대로 가다간 남자로 태어나 뜻있는 일도 한번 못해보고 사치와 타락에 물든 채 일생을 마감하게 되는 건 아닐까?"

어떻게 보면 남부러울 것 없는 환경이었지만 뷔퐁은 거기에 만족하지 않고 생활습관부터 과감히 뜯어고치기로 했다.

그 첫 번째 시도가 아침에 일찍 일어나는 습관을 들이는 것

이었다. 시간은 모든 사람들에게 한정적으로 주어지는 귀중한 보물이라고 여긴 그는 이제부터라도 시간을 아껴 쓰기로 마음먹었다.

"매일 아침 여섯시에 날 깨워주기만 하면 상으로 은화 한 닢씩 주겠다."

하인 조셉에게 이렇게 제의하자 그는 기꺼이 주인의 뜻에 따랐다. 그런데 그게 말처럼 쉽지가 않았다. 오랜 세월 늦잠 자는 버릇에 길들여진 뷔퐁은 하인이 깨울 때마다 짜증을 부리기 일쑤였다.

그러거나 말거나 은화에 욕심이 생겼던 조셉은 매일 아침 여섯시면 어김없이 주인을 깨우려 들었다. 주인이 화를 내거나 말거나 끈질기게 침대 머리맡에 선 채로 귀찮게 굴었던 것이다. 그 결과 뷔퐁은 마침내 자신의 악습을 떨쳐내고 학문에 전념할 수 있었다.

"박물학에 관한 내 책 서너 권은 순전히 조셉의 공로였다."

훗날 뷔퐁의 회고록에는 이렇게 기록되었다.

＊ 배워서 지식을 얻는다는 것은 그다지 어려운 일이 아니다. 그러나 배운 것을 실천으로 옮기기란 여간해선 쉽지 않은 일이다. 그러므로 위인의 또 다른 이름은 곧 실천하는 사람이다.

죽을 각오면
못할 것이 없다

사람이 갖춰야 할 덕목 중에 '용기'라는 것이 있다. 이때의 용기라고 하는 것은 신체의 위험을 두려워하지 않는 육체적인 용기를 말하는 것은 아니다.

여기서 말하는 용기란 진실과 의무를 존중하기 위해 어떤 고난도 극복하려는 적극적인 마음가짐을 말한다. 이러한 용기는 훈장이나 작위 또는 승리의 월계관으로 보상되는 것보다 한층 값어치 있다.

인간 사회에서 최고의 질서는 정신적인 용기다. 정신적인 용기는 육체적인 용기를 앞지른다. 정신적인 용기의 예를 들자면 어떤 것들이 있을까?

먼저 진리를 추구하고 그것을 당당하게 주장할 수 있는 용기, 공정한 판단을 내릴 수 있는 용기, 한결같이 성실하고자 노력하는 용기, 어떠한 유혹도 과감히 뿌리칠 수 있는 용기,

그리고 자신에게 주어진 의무를 최대한 수행하려는 용기 등이 정신적인 용기다. 이런 용기를 갖추지 못했다면 다른 미덕을 몸에 익힌다는 것도 불확실해진다.

오늘날 우리가 습득하게 된 많은 지식들은 오랜 세월을 거쳐오면서 위대한 인물들의 활약상이나 헌신, 그리고 자기희생과 용기에 의해 정립된 것들이다. 어떤 반대나 비난에도 굴복하지 않았던 그들의 용기는 칭송받아 마땅하다.

과거에 진리를 입증할 수 없어 핍박받던 과학자들에게 쏟아졌던 불공평하고 편협했던 비난의 화살들이 오늘날 인류사회에 커다란 발전과 진보를 가져온 것을 볼 때 역시 그들의 용기도 간과할 수 없다.

당시의 과학자들은 고독했을 것이다. 누구도 알아주지 않고 비웃음과 조롱을 받는 동안 그들은 자신의 주장이 결코 오류가 아니라는 것을 증명해내기 위해 끊임없이 관찰하고 연구하였다. 결국 그들의 인내와 노력의 결실은 인류사에 엄청난 결과를 가져다주었다.

지난 역사 속에서 자신의 신념을 관철시키고 온갖 어려움과 고난 속에서도 정의를 지키며 진리를 추구했던 용기 있는 사람들을 헤아리자면 한이 없을 정도로 많다. 특히 토머스 모어의 실화는 진한 감동을 준다.

잘 알다시피 『유토피아』의 저자이자 인문주의자인 토머스 모어는 독실한 가톨릭 신자로 당시 영국의 대법관이었다. 남달리 신앙심이 깊었던 그는 국왕이었던 헨리 8세의 이혼을 극구 반대함으로써 참수되는 최후를 맞았다.

목숨을 걸고 자신의 신념을 굽힐 수 없다는 것이 모어의 도덕률이었고 용기였다. 그는 기꺼이 웃으면서 처형대에 오르는 여유를 보여주었다.

수많은 위인들은 생애 최대의 곤경에 처했을 때 아내로부터 위로받거나 격려를 얻었다고 한다. 그러나 토머스 모어는 그런 행운도 없었던 모양이다. 그를 격려해주어야 할 아내는 런던탑에 갇힌 남편을 한두 번 면회 온 게 고작이었다.

어느 날 그녀는 남편에게 이렇게 말했다.

"도무지 전 당신을 이해할 수가 없어요. 국왕 폐하의 이혼을 인정하고 동의한다는 말 한마디만 하면 되는데, 왜 고생을 사서 하는 거예요?"

"당신도 참 답답한 소리만 하는구려. 어떻게 신하 된 도리로 국왕의 이혼을 보고만 있으란 말이오. 더구나 나더러 찬성까지 하라고? 신께서 절대로 허락하지 않으실 거요. 이혼이란 있을 수 없는 일이오."

"하지만 국왕 폐하의 노여움이 이만저만이 아닌데, 장차 당신이 어떤 일을 겪을지 생각만 해도 끔찍해요. 제발 그만 고집 좀 꺾으세요!"

토머스 모어는 더 이상 말을 하지 않고 침묵으로 일관했다.

"당신이 폐하의 이혼을 인정한다고 한마디만 하면 당장이라도 풀려나서 편안하게 노후를 보낼 수 있어요. 당신의 서재와 과수원이 있는 저택에서 가족들이 모두 함께 지낼 수 있다고요."

모어는 조용히 고개를 저을 뿐이었다. 아내는 남편의 고집을 이해할 수 없었다.

"지금까지 당신은 참 훌륭하고 현명한 분이었어요. 그런데 왜 이번만큼은 한 치의 양보도 없이 이렇게 차고 누추한 감옥 생활을 자청하는지 정말 이해할 수 없군요. 어리석은 선택이라고요. 저 쥐들 뛰어다니는 것 좀 보세요."

"이곳 생활도 그리 나쁘지만은 않다오."

토머스 모어는 빙그레 웃어 보이고는 더 이상 말을 잇지 않았다. 그러나 모어에겐 그런 아내 몫을 대신해주는 사랑스런 딸이 있었다. 딸 마거릿 로퍼는 자신의 어머니와는 정반대의 입장으로 아버지의 신념을 누구보다도 잘 이해하고 용기를 북돋워주었다.

딸이 감옥으로 보낸 수많은 편지에는 아버지가 무슨 일이 있어도 신념을 관철시키리라 믿는다는 진심 어린 격려의 내용이 담겨 있었다.

딸과 아버지는 수많은 편지를 주고받았다. 편지를 통해 늙은 아버지는 용기를 얻었고, 딸은 가슴이 찢어지는 것 같은 아픔을 억누르면서 아버지와 고통을 함께하려 했다.

펜과 잉크조차 허락되지 않는 감옥에서 모어는 숯 조각으로 딸에게 답장을 썼다.

"자랑스런 내 딸! 네 편지가 내겐 얼마나 큰 힘이 되는지 모르겠구나. 다정한 네 편지는 지금 내게 유일한 기쁨이자 희망이란다. 그 감정을 다 표현하려면 이 숯 조각이 한 가마니 있어도 부족할 정도란다. 이 아비의 생각을 이해해주는 네가 정말 자랑스럽다."

모어야말로 자신의 신념을 위해 목숨을 바친 순교자다. 그는 눈앞의 이익을 위해 거짓 맹세를 하지 않는 굳은 의지의 소유자였으며, 순수하고 곧은 정신을 지닌 까닭에 억울한 죽임을 당할 수밖에 없었다.

그는 끝내 단두대에서 참수를 당했고 당시의 야만적인 관습에 따라 그의 머리는 런던 브리지에 걸렸다.

딸 마거릿 로퍼는 아버지의 머리를 내려 자신에게 줄 것을 탄원했고, 그녀의 청은 뒤늦게나마 받아들여졌다. 그녀는 아버지의 머리를 소중하게 보관하고 있다가 자신이 죽으면 아버지의 머리와 함께 묻어줄 것을 유언으로 남겼다.

오랜 세월이 지난 후 후손들이 그녀의 무덤을 열어보았을 때 그녀의 가슴 부근에 아버지 토머스 모어의 유골이 얹혀 있

었다고 한다.

토머스 모어의 신념과 강직한 성품을 잘 드러내주는 유명한 일화다.

* 오늘날 우리가 습득하게 된 많은 지식들은 오랜 세월을 거쳐오면서 과거 위대한 인물들의 활약상이나 헌신, 그리고 자기희생과 용기에 의해 정립된 것들이다. 과거에 진리를 입증할 수 없어 핍박받던 과학자들에게 쏟아졌던 온갖 비난의 화살들이 오늘날 인류 사회에 커다란 발전과 진보를 가져왔음을 기억해야 한다.

웃음의 성공학

성공을 결정짓는 요소는 무엇인가?

누구나 성공을 꿈꾸지만 성공의 기준이나 잣대는 다 다르다. 따라서 성공을 한마디로 단정짓기는 어렵다. 차라리 인생의 행복이 무엇이냐고 물어보자.

소박한 사람은 자식 잘 크고 건강하고 마음먹은 일 하나하나 이뤄나가는 과정이 인생의 행복 아니겠느냐고 말할 것이다. 조금 야망이 큰 사람은 사업을 벌여 재벌이 되고 자녀들 출세시키고 자신도 명예를 얻으면 그때서야 행복하다고 여길 것이다.

저마다 행복의 기준이 다르듯 성격 역시 인내심, 관용, 용기, 열정, 결단력, 신념 등에 따라 좌우된다.

플라톤은 일찍이 "타인의 행복을 바라는 일은 곧 자신의 행복을 추구하는 것이다."라고 말했다.

남의 기쁨이 곧 내 기쁨이요, 남의 불행이 곧 내 불행이라는 말과 뜻이 통한다. 결국은 남을 위하고 배려하고 관용을 베푸는 것이야말로 나를 위하는 길이고, 그것은 다시 고스란히 내게 되돌아온다는 뜻이다.

이 세상에는 대단히 낙천적인 사람이 있는가 하면 비관적인 사람도 있다.

낙천적인 사람은 무엇을 봐도 좋은 면만을 보고 기억하며 그대로 따라 하려고 한다. 아무리 구름이 하늘을 어둡게 가려도 그 위에 올라앉은 태양을 본다. 설령 지금은 빛이 비치지 않지만 잠시 베일을 썼을 뿐 언젠가는 구름이 걷히고 밝은 빛이 쏟아지리라는 것을 안다. 마음은 늘 희망적이며 불평불만을 일삼지 않는다.

그런 성격의 사람들은 힘든 일을 해결할 때도 긍정적이다. 눈앞의 불행도 미래의 행복으로 바꾸는 능력을 지닌 사람들이다. 자신의 결점을 부끄러워하거나 감추려는 대신 고쳐나가려고 꾸준히 노력한다. 슬픔이나 재난을 만나면 용기를 내서 떨쳐버리려고 애쓰며 자신이 알고 있는 모든 지식과 지혜를 총동원해 극복하려고 노력한다.

영국 교회의 주교였던 제러미 테일러가 보여주었던 여유를 되새겨보자. 그는 이러저러한 일로 집과 재산 모두를 몰수당해 말 그대로 빈털터리가 되었다. 하지만 그가 지닌 최대 장점인 여유만은 잃지 않았다.

"비록 징수관들이 모조리 빼앗아갔지만 그것이 무슨 상관이오? 사랑하는 아내와 자식들 그리고 나를 믿고 아껴주는 친구들이 있지 않소? 게다가 설교를 계속할 수 있는 기회가 있으니 뭘 더 바라겠소. 태양이 여전히 뜨고 지듯 달라진 것은 아무것도 없소이다. 그들은 비록 내게서 물질적인 것을 빼앗아갔지만 신앙심과 양심만은 어쩔 수 없는 거요."

그는 평상시와 다름없이 잘 자고 먹고 명상에 잠기는 하루하루를 보냈다.

밝고 명랑한 성격은 타고나는 것이지만 훈련에 의해 계발되기도 한다. 인생을 행복하게 꾸려갈 것인지, 불행 속에서 허우적거리며 살아갈 것인지는 전적으로 자기 노력 여하에 달려 있다.

인생은 각자가 지닌 사고방식에 따라 양면성을 지닌다. 행복이냐, 불행이냐 하는 선택의 기로에 놓여 있을 때 의지력을 발동시켜 행복을 선택하면 그 행복이 내게로 온다. 마음을 긍정적으로 가지고 매사 밝은 면만 보려고 노력하면 행복을 내 것으로 만드는 일이 불가능한 것도 아니다. 먹구름이 온몸을 뒤덮고 있을지라도 뚫고 나가면 밝은 햇살이 비치리라는 것을 굳게 믿고 눈을 크게 뜨자.

반짝이는 맑은 눈동자는 인생의 장면 장면을 또렷하고 아름답게 비춰줄 것이다. 맑은 눈동자는 세상의 모든 어둠을 밝게 비추고, 무지한 자들을 깨우쳐주고, 슬픔에 겨운 자들에게는 용기를 심어준다. 지성에 광택을 더해주며, 아름다운 것은 더 아름답게 해줄 것이다.

명랑함을 유지한다는 것은 인생에 무한한 기쁨을 가져다주는 근원이면서 동시에 어떤 상처로부터 자신을 지켜준다.

명랑하고 밝은 성격은 인간을 한 단계 성숙시키는 좋은 토양이 된다. 그것은 밝은 마음과 강인한 정신력을 길러준다. 또한 인내력을 키워주어 지혜롭게 사는 바탕이 된다.

한 정신과 의사는 늘 우울함과 무력감에 시달리는 환자에게 이런 처방을 내렸다.

"이 세상에서 가장 좋은 약은 늘 쾌활한 기분 상태를 유지하려고 노력하는 겁니다."

솔로몬 왕 역시 "쾌활한 마음이야말로 사람의 정신을 고양시키는 최선의 약이다."라고 진단하였다.

밝고 명랑한 기분은 휴식과 직결된다. 쉬고 있어도 마음이 찝찝하고 개운치 않으면 쉬는 것이 아니다. 휴식은 몸과 마음을 한껏 늘어뜨리고 아무 생각도 하지 않고 자신을 쉬게 해주는 것이다.

마음이 쾌활하면 힘이 저절로 솟는다. 하지만 기분이 우울하고 무기력하면 심신이 피로해지며 매사 짜증스럽다. 마음

상태부터 바꾸도록 하자. 자신의 마음 상태를 수시로 점검하면서 명랑하고 밝게 유지하는 것이야말로 행복한 삶의 비결이다.

영국의 정치가 파머스턴 자작은 평생 동안 매우 왕성하고 정력적인 삶을 살았다. 늘 격무에 시달렸지만 지치거나 피로한 기색조차 보이지 않았다. 인간인데 어떻게 그게 가능했을까?

비결은 바로 쾌활한 기분을 유지하는 것이었다. 침착하고 냉정한 성격과 늘 활기차고 여유 있는 마음가짐으로 자기를 조절했던 것이다.

파머스턴의 친구는 그를 회고하면서, 그 왕성한 활력의 원천을 짐작할 수 있게 하는 중요한 단서를 제공해주었다.

"난 평생 동안 그가 화내는 것을 한 번도 본 적이 없다."

인간이 어떻게 화를 내지 않고 살 수 있겠는가. 그러나 어떤 억울하고 불쾌한 경우에도 스스로 자제하고 삭이면서 한 걸음 뒤로 물러서서 영보하고 명상에 잠기다 보면 자연히 분노도 사그라지기 마련이다.

당신은 혹시 소문난 짜증꾼 아닌가?

그렇다면 이제부터라도 마음을 바꾸도록 하라. 화나는 일이 있어도 웃고, 불쾌한 일을 당해도 웃어넘기고, 억울한 경우를 당해도 그냥 마음 편하게 웃어버리자. 웃는다고 주변에서 당신을 바보 취급하지는 않는다.

그것은 오히려 걸핏하면 얼굴 벌게져서 화를 내는 것보다는 훨씬 아름답다.

＊명랑한 성격은 인간을 한 단계 성숙시키는 좋은 토양이 된다. 그것은 밝은 마음과 강인한 정신을 길러준다. 쾌활한 마음이야말로 사람의 정신을 고양시키는 최선의 약이다.

희망은 만병통치약

늘 밝고 명랑한 기분을 유지하면서 미래에 대한 희망을 품는다는 것은 그만큼 많이 참아야 한다는 뜻이기도 하다. 이것이야말로 인생에 행복과 성공을 가져다주는 중요한 열쇠가 된다.

그래서 영국의 철학자이자 작가인 로버트 버턴은 "희망과 인내는 만병을 다스리는 두 가지 약이니, 역경에 처했을 때 의지할 가장 믿음직한 자리요 가장 부드러운 방석이다."라고 말했다.

미래에 대한 희망은 위대한 행동을 지탱해주는 버팀목이며 용기다. 만약 지금 자신에게 아무런 희망도 없다고 생각하는 사람이 있다면 그는 이미 죽어가고 있는 사람이다. 누구도 치료할 수 없는 중병을 앓고 있는 셈이다. 세상에 희망 없는 사람은 없다. 희망이 없다는 건 삶의 지표를 잃었다는 뜻이다.

그리스의 철학자 탈레스는 "비록 아무것도 갖지 못했더라도 누구나 희망은 있는 법이다."라고 말했다. 우리에게 희망이 없다면 무슨 낙으로 살아갈 것인가. 희망은 마음의 양식이다. 가진 것 하나 없이 비참한 삶을 살아가는 사람에게도 희망은 목숨을 지탱하는 큰 힘이 되어준다.

지금 우리에게 절실한 것은 희망이다. 희망은 미래를 약속하는 보증수표 같은 것이다. 꿈이 없는 사람에게 무슨 미래가 있을 것인가. 희망은 스스로 찾으려고 노력할 때만 다가온다. 누가 강제로 마음의 꿈을 가지라고 강요한다고 해서 저절로 갖게 되는 것이 아니다. 마음의 병을 치료하는 것은 현재를 훌훌 털고 미래지향적인 소망을 지니는 것이다.

선왕으로부터 왕위를 계승받고 난 뒤 알렉산더 대왕은 유산으로 상속받은 토지를 대부분 친구들에게 나눠주었다. 친구들이 어리둥절하여 물었다.

"그럼 대왕에겐 무엇이 남았습니까?"

"나 말인가? 내게는 이 세상에서 가장 위대한 힘, 희망이라는 재산이 남아 있지!"

부모로부터 아무리 많은 재산을 상속받았다 해도 희망이 없는 한 그것은 어느 순간 날아가버릴지 모르는 먼지와도 같은 것이다.

알렉산더 대왕은 훗날 세계 정복의 길을 떠나면서도 비슷한 일화를 남겼다. 대왕은 그동안 자신이 수집해왔던 온갖 골동품과 진귀한 보석들마저 가까운 사람들에게 모조리 나누어 주었다.

"아니 폐하, 폐하께서는 아무것도 갖지 않으시겠다는 말씀이옵니까?"

보물을 받아서 좋긴 한데 미안해진 한 친지가 물었다.

"아니, 아직 누구에게도 주지 않은 보물이 하나 있지!"

대왕은 빙긋이 웃으며 말했다.

"아하, 그렇군요. 그런데 대체 그것이 무엇인지요?"

"아, 그거 말이냐? 바로 희망이라고 부르는 보물이로다. 진정 내게 그것만 있으면 세상이 모두 내 것인데 무얼 더 바라겠느냐?"

알렉산더 대왕은 이런 희망을 갖고 세계를 정복한 것이다.

사람에게 희망이 있다면 이루지 못할 것이 없다. 그러나 미래를 꿈꿀 수 있는 희망이 없는 한 당장 손에 쥔 부귀영화는 집 안에 가득 쌓인 먼지처럼 허망한 것이다. 손에 쥔 것이 많으면 사람은 의욕을 상실한다. 목표의식도 없어진다. 무엇을 위해 살아야 하는지 존재가치도 흐릿해진다.

세상에서 가장 불쌍한 사람은 희망이 없는 사람이다. 미래를 꿈꾸지 않는 자에게 결코 행복은 약속되지 않는다.

세계를 움직이고 약동시키는 것은 강한 정신력이다. 그러므로 모든 힘을 지배하는 것도 희망이라고 할 수 있다.

바이런은 뚜렷한 목표의식도 없이 세계를 떠돌며 방랑 생활을 하고 사람들을 놀라게 하는 기이한 행동을 벌였지만 희망에 대해서는 다음과 같이 절규하였다.

"희망이 없으면 미래는 어디 있는가? 지옥에 있을 수밖에 더 있겠는가. 현재에 희망이 어디 있는지 묻는 것은 어리석은 일이다. 그렇다면 과거는 어떤가? 꺾어진 희망이다. 때문에 우리들은 '희망, 희망, 희망!' 하고 외치는 것이다."

희망이 없는 사람은 삶의 목적 또한 없다. 그런 사람에게는 삶 자체가 버거울 뿐이다. 어떻게 살 것인가, 아니 어떻게 살 아낼 것인가. 무엇을 지팡이 삼아 일어설 것인가. 사방을 둘러봐도 구원의 출구는 보이지 않는다.

그런 심정이라면 당장 심기일전하고 희망부터 찾아라. 희망 사항이 많을수록 삶에 집착이 생기고 최선을 다하게 된다. 위대한 희망은 위대한 인물을 만든다는 말도 있지 않은가.

＊ 희망은 미래를 약속하는 보증수표 같은 것이다. 꿈이 없는 사람에게 무슨 미래가 있을 것인가. 희망은 스스로 찾으려고 노력할 때만 다가온다.

자신을 믿는 사람만이
남에게 성실할 수 있다

자신의 임무를 완수하려는 책임감은 아름답다. 또한 책임감을 소중히 하는 사람은 신뢰가 간다. 그 책임감을 지탱해주는 것은 용기다. 용기는 사람을 바르게 인도하며 스스로를 고양시키는 힘이 되어준다.

기원전 1세기경의 일이다. 로마로 진군하려는 폼페이우스 장군과 그의 병사들이 출항을 앞두고 있는데 거센 태풍이 휘몰아쳤다. 병사들은 동요하며 장군의 눈치만 살폈고, 누구도 태풍을 뚫고 출항을 강행하리라고 예상하는 사람은 없었다.

그러나 장군은 돛을 올리라고 명령했다. 주변 사람들이 깜짝 놀라 만류했지만, 폼페이우스는 꿈쩍도 하지 않았다. 그는 모두 들으라는 듯 큰소리로 외쳤다.

"내게 목숨 따윈 중요하지 않다! 한번 가겠다고 마음먹은 이상 무슨 일이 있어도 나는 간다!"

한번 뜻을 세웠으면 목숨을 버리는 한이 있어도 반드시 실행에 옮기는 것! 다소 극단적인 면이 없지 않지만 신념은 바로 그런 것이다.

신념의 근본은 인내다. 폼페이우스 같은 명장이라 할지라도 극한 상황에 맞닥뜨리면 어쩔 수 없는 두려움에 휩싸였을 것이다. 그러나 그는 자신의 두려움을 신념과 맞바꾸지 않았다.

문제는 신념을 위하여 목숨까지 바칠 수 있다는 확실한 의지다. 참된 신념을 위하여 목숨을 내거는 용기만큼 거룩한 일은 없다는 단호한 의지가 그를 태풍 속으로 밀어넣었을 것이다.

독일의 정신분석학자인 에리히 프롬은 "자신을 믿는 사람만이 남에게 성실할 수 있다"고 말했다.

자신에 대한 확고한 신념이 있다면 남에게도 소홀히 하지 않는다. 소신껏 사는 것이야말로 진정한 삶이라고 할 수 있다.

미국의 초대 대통령인 조지 워싱턴은 평소 겸손하며, 무슨 일이든 소신 있게 처리하는 능력으로 많은 사람들로부터 존경을 받았다.

자신이 생각하기에 꼭 이뤄야 할 일이 있으면 눈앞의 어떤 위험도 감수하면서 완벽하게 해냈다. 그의 태도와 신념은 항상 일관성 있었고 위엄마저 깃들어 있어서 사람들은 감히 그에게 어떤 제동을 걸지 못했다. 그의 인생을 떠받친 주된 원동력은 오로지 의무 완수였다.

그는 결코 잘난 체하거나 인기에 영합하는 인물이 아니었다. 자신의 업적을 과시하거나 드러내서 칭송을 받으려 하지 않았으며 영광을 구하지도 않았다. 그가 염두에 둔 것은 오로지 자신의 신념과 자신이 해야 할 일을 해내는 것뿐이었다. 그 자신으로 보면 너무나도 당연한 일이었는지도 모른다.

독립전쟁이 일어났을 때 워싱턴은 군 최고사령관으로 추대되었다. 오랜 시간 망설이던 끝에 결국 최고사령관직을 맡게 된 그는 취임식에서 많은 사람들을 감동시키는 연설을 했다.

"나에 대한 국민의 신뢰를 저버릴 수가 없어 최고사령관직을 맡기로 한다. 그러나 오늘 나는 이 자리에서 분명하게 선언하고자 한다. 솔직히 내겐 이런 명예롭고 지혜로운 업무를 수행할 만한 능력이 전혀 없다고 생각한다."

그러나 워싱턴은 독립전쟁을 승리로 이끌어 영웅이 되었고, 그 후에 미국의 초대 대통령으로 선출되어 의무를 성실히 수행한 결과 재선의 영광까지 안게 되었다. 한마디로 그의 생애는 청렴결백 그 자체였다. 물론 그를 시기하고 질투하는 정적들의 음모로 권위와 신뢰를 위태롭게 하는 사건이 있었지만 초지일관 당황하거나 동요하지 않았다.

예를 들면, 존 레이가 영국과 체결하려던 평화협정의 비준이 문제가 되었을 때였다. 당시 미국 내에서는 조약에 반대하는 여론과 의견이 비등했지만, 워싱턴은 조국의 명예를 지키

기 위해 반대를 무릅쓰고 이 조약을 비준했다.

군중들은 들끓었고, 정가는 어수선했으며, 사람들은 돌멩이 세례를 퍼붓기까지 했다. 쏟아지는 비난과 함께 워싱턴의 인기는 단숨에 추락했다. 그러나 조약을 비준하는 것이 자신의 의무였다는 워싱턴의 소신에는 변함이 없었다.

이윽고 전국에 이 조약을 선포하자 군중의 항의가 쇄도했고, 그는 다음과 같은 담화문을 발표했다.

"나를 지지해주는 많은 사람들에게 깊은 감사를 드립니다. 그러므로 나의 양심이 시키는 대로 소신껏 행동하는 것 외에 어떤 일로도 국민 여러분의 호의에 보답하는 길은 없다고 생각했습니다."

만약 그가 한낱 대중적인 인기에 영합하는 인물이었다면 국민의 반대에 민감한 반응을 보였을 것이다. 그러나 그가 염두에 둔 것은 오직 한 가지, 조국의 미래를 위해 헌신하려는 굳은 신념뿐이었다. 그 결과 훗날 미국인들은 그에게 '미국의 아버지'라는 최고의 칭호를 붙여주게 된 것이다.

＊오직 자기 자신을 믿는 사람만이 남에게도 성실할 수 있다. 자신에 대한 확고한 신념이 있다면, 남에게도 소홀히 하지 않는다.

타인은 내 마음의 렌즈

에머슨은 타인을 두고 이르기를 '우리가 우리 자신의 마음을 읽는 렌즈'라고 표현하였다. 저마다 하나씩 갖고 있는 렌즈를 통해 우리는 타인을 지켜보고 판단하며, 마음이 끌리면 가까이 다가서고 싶어 한다. 결국 내가 선택한 타인, 즉 친구는 또 다른 나의 모습이라고 할 수도 있다.

그러므로 사람을 알려면 그 친구를 보라는 말이 생겨난 것이다.

그렇다면 어떤 친구를 사귈 것인가. 특히 한창 감수성이 예민한 청소년기에는 어떤 친구를 사귀느냐에 따라 인생의 행로가 바뀔 수도 있다는 점에서 좀 더 신중을 기해야 한다.

바이런이 말하기를 우정은 '날개 없는 사랑의 신'이라고 했다.

내게 깃드는 사랑의 신이 행운과 의리와 신뢰를 가져다주길 원치 않는 사람은 없을 것이다. 아무리 교제의 폭이 좁은

사람이라 해도 나름대로 주변 사람들을 바라보는 눈은 있기 마련이다.

사람이란 외모가 제각각이듯 성격이나 가치관도 가지가지다. 여러 유형의 사람들이 있는 만큼 선택의 폭도 그만큼 넓다.

능력은 있지만 인간미가 없는 사람, 법 없이도 살 정도로 선량하지만 무능한 사람, 사귈수록 신뢰가 가는 사람도 있는 반면 경멸과 혐오감만 불러일으키는 형편없는 사람도 있다. 또 성격이 독단적이고 이기적인가 하면 남을 배려하느라 제 실속을 차리지 못하는 유형도 있다.

더 자세히 분류하자면 자신의 세계에 갇혀 있는 편협한 사람에서부터 지나치게 원대한 꿈만 좇는 허황되기 짝이 없는 사람까지 실로 다양한 성격의 소유자들이 있다.

나는 어떤 사람이 되고 싶은가? 타인의 렌즈에 어떤 유형으로 비치길 원하는가?

어차피 인생은 더불어 사는 것이다. 이 사람은 이래서 좋고, 저 사람은 저래서 싫고 일일이 가리면서 교제를 하자면 주변에 남아나는 사람이 별로 없는 것이다.

문제는 나 자신이다. 나부터 목표를 정하는 것이다. 그래야 내 마음속의 렌즈도 항상 '맑고 갬'을 유지할 수 있지 않겠는가.

매사 의욕에 넘치면서 부족한 지식을 쌓기 위해 부단히 노력하는 자세를 갖추는 것이 중요하다. 인생의 수많은 고개를 넘어갈 때 고통이나 역경을 피하기보다는 경험으로 생각하고 거기에서 교훈을 끌어내는 자세가 중요하다.

훌륭한 인격은 어떤 상황에 놓이든지 빛을 발하기 마련이다.

나로 인해 다른 사람들이 용기를 얻고 희망을 가질 수 있다면, 거기에 만족하지 않고 보다 많은 타인들 속으로 과감히 뛰어드는 것도 현명한 방법이다. 또 다른 사람들이 나를 동일시의 모델로 삼고 나와 비슷해지려고 노력하는 가운데 그 파급 효과는 배가할 테고 이 세상은 빛으로 충만해질 것이다.

인격자는 자기 스스로 자신을 좋게 말하지 않는다. 이미 남들이 알아주고 인정하기 때문에 굳이 그럴 필요가 없는 것이다. 그래서 항상 묵묵히 제 할 도리에 충실할 뿐이다. 자신의 말과 행동에 책임을 지고 성실하게 세상을 살아간다.

백 마디의 설득보다 단 한 번의 실천이 훨씬 감동적이다.

＊친구란 결국 내가 선택한 나의 또 다른 모습이다. 좋은 친구를 만나고 싶으면 먼저 나부터 목표를 정해야 한다. 나는 어떤 사람이 되고 싶은가? 타인의 렌즈에 어떤 유형으로 비치길 원하는가?

나를 인정하기만 하면,
나는 충분히 가치 있는
존재야

내 속에 감춰진
또 다른 '나'

흔히 사람의 성격적 특징을 말할 때 기질이라는 표현을 쓴다. 그런데 이 기질이라는 말은 아무래도 온순하고 차분한 성격보다는 급하고 다혈질적 성향이 강한 성격의 소유자를 가리킬 때 더 많이 쓰게 된다.

기질을 좀 더 자세히 설명하면 매사에 쉽게 흥분한다는 뜻일 것이다.

젊은 사람의 경우 기질이 격하다면 그것은 폭발 직전의 활화산처럼 무서운 위력을 지닌 것으로 풀이된다. 그러나 그런 충만한 에너지도 잘만 인도한다면 얼마든지 좋은 방향으로 활용할 수 있다. 말하자면 자기 수양과 자기 제어를 통해 보다 나은 방향으로 전환할 수 있다는 말이다.

역사 속의 인물 중에는 성격이 급하고 다혈질인 사람들이 종종 있었다. 크롬웰 역시 예외는 아니었다고 한다. 정치가이자 군인이며 독실한 청교도였던 크롬웰은 젊었을 때 고향 마을에서 혈기 왕성한 청년으로 소문났다. 그런 크롬웰을 변화시킨 것은 바로 신앙의 힘이었다. 칼뱅이슴의 엄격한 규율이 비로소 그를 순종하는 젊은이로 바꿔놓았던 것이다.

그렇다고 사람의 천성이 어디 가는 것은 아니다. 다만 크롬웰의 경우는 혈기 부릴 출구를 정치에서 찾았던 것이다. 이후 20여 년간 의회군을 이끌고 내란을 일으켜 왕당파를 물리치고 공화제를 선포하는 등, 그는 영국 전역을 뒤흔들 정도로 강력한 힘을 발휘하였다.

흔히 성격 급하고 흥분 잘 하는 사람들을 회피하는 경향이 있다. 그러나 그런 사람들을 곁에서 사랑으로 보살피고 이끌어주는 사람이나 종교 등, 어떤 계기만 있다면 얼마든지 변화시킬 수 있다. 그 계기를 스스로 만든다면 그야말로 '난사람'이라고 할 수 있다.

물론 사람은 누구나 기분이 나쁘면 화를 낸다. 아무리 성인, 도덕군자라 해도 못마땅한 일을 보면 화가 나기 마련이다. 그래서 아리스토텔레스는 "누구든지 화를 낼 수 있다. 그것은 참으로 쉬운 일이다. 그러나 어떤 대상에게 알맞은 정도로, 적당한 시기에, 정당한 목적을 가지고 올바른 방법으로 화를 내는 것! 그것은 쉬운 일도 아닐뿐더러 아무나 할 수 있는 일이 더더욱 아니다."라고 충고하였다.

영국의 낭만주의 시인이며 계관시인인 윌리엄 워즈워스는 어린 시절 몹시 고집이 세고 변덕스러우며 난폭한 소년이었다. 잘못을 지적받아도 수긍하기는커녕 자기 나름대로의 의견을 내세우며 절대 상대방의 의견을 받아들이지 않는 데다 매사 반항적이라 골칫덩어리로 통했다고 한다.

그런 소년이 점차 커서 어른이 되고 시심으로 마음을 정화시키고 문학에 정진하면서 완전히 다른 사람으로 바뀌었다고 한다. 물론 그가 시인으로서 독자들과 함께 자신의 시를 놓고 토론을 벌일 때는 분명한 자기 의견으로 논리를 펴곤 했지만 이미 어린 시절의 워즈워스는 아니었던 것이다. 그는 철학적이고도 공상적인 작품으로 시단에 커다란 영향을 미쳤다.

사람이 나이를 먹는다는 것은 어떤 의미를 담고 있는가? 혹 연륜이 쌓인 만큼 도량도 넓어져서 매사에 너그러워진다는 뜻은 아닐는지.

옛말에 사람은 태어나서 세 번 된다는 말이 있다. 성격이 자꾸 바뀌는 과정을 통해 보다 인간적인 사람으로 성숙해간다는 뜻일 것이다.

수양을 통해 덕을 쌓은 사람은 여간해서 화를 내지 않는다고 한다. 상대방이 화를 내도 여전히 얼굴에 미소를 잃지 않는 여유야말로 인격자라고 할 수 있다.

성격이 급하고 다혈질인 사람도 격한 감정과 절제력을 적

절히 조화시킨다면 충분히 매력적인 성격이 될 수 있으며 대인관계도 보다 원만해질 것이다.

마음에 화가 치밀어 오르려고 하면 얼른 하나, 둘, 셋……. 열을 세어라. 그래도 화가 가라앉지 않으면 백을 세어라.

미국의 제3대 대통령이었던 토머스 제퍼슨의 친절한 조언이다.

＊누구든지 화를 낼 수 있다. 그것은 참으로 쉬운 일이다. 그러나 어떤 대상에게 알맞은 정도로, 적당한 시기에, 정당한 목적을 가지고 올바른 방법으로 화를 내는 것은 쉬운 일은 아닐뿐더러 아무나 할 수 있는 일이 아니다.

말솜씨도 하나의 기술

만약 당신이 성공적인 인생을 살고 싶다면 다음 세 가지를 주목하기 바란다.

"누가 말하는가?"

"무엇을 말하는가?"

"어떻게 말하는가?"

말이란 인간관계에서 의사소통의 기본이 되는 수단이지만 앞의 세 가지 조건처럼 누가, 무엇을, 어떻게 말하는가에 따라 그 의미도 무한대로 달라진다.

누가 말하는가? 아무리 친한 사이라 해도 상대방에게 해도 될 말이 있는가 하면 해선 안 될 말이 있다. 내가 어떤 사람으로 비춰지는가에 따라 내 말이 상대에게 도움이 될 수도 있고 전혀 소용없는 말이 될 수도 있다. 그리고 그 결과는 누구보다도 자신이 잘 알 것이다.

상대가 나를 어떻게 여기는지도 모르고 사사건건 이래라저래라 하는 것은 쓸데없는 참견이고 간섭일 뿐이다. 오히려 더 우습게 보일 뿐이다. 상대가 나를 존중하고 내 말을 귀담아들으며 내 조언을 필요로 할 때 내 말은 비로소 효과가 있는 법이다. 그만큼 두 사람 사이에 신뢰와 존중이 깔려 있을 때 말은 효력을 발휘한다.

당신은 충고를 많이 하는 편인가? 아니면 주변에 기탄없이 당신의 잘못을 지적하고 조언을 해주는 사람이 많은가? 그렇다면 당신은 대인관계가 원만한 편이다. 또 그 어떤 부자도 부럽지 않은 재산가라고 할 수 있을 것이다. 인적 재산이야말로 돈 주고도 살 수 없기 때문이다.

무엇을 말하는가? 상대가 정말 필요로 하는 말이 무엇인지를 알아야 한다. 때에 따라선 혹독한 질책도 하고, 칭찬이 필요한 순간에는 아낌없이 칭찬할 줄 알아야 한다. 물론 마냥 듣기 좋은 말만 기대하는 것은 자신에게 결과적으로 마이너스다. 칭찬을 좋아하는 사람은 유혹에도 쉽게 빠진다고 하지 않던가.

적절한 칭찬은 그 사람에게 큰 용기가 되고 자신감을 불어넣어 주며 계속 앞으로 나아갈 수 있는 힘이 되지만, 지나친 칭찬은 아부로 흐를 수 있다. 또 상대를 생각한답시고 늘 질책만 일삼는다면 그것도 좋은 방법은 아니다. 적당한 지적과

칭찬을 조화시키는 것이야말로 상대에게 신뢰감을 준다는 점을 잊지 말라.

어떻게 말하는가? 말하는 것도 하나의 기술이다. 같은 말이라도 상대가 어떻게 받아들일까를 염두에 두고 하는 것이 중요하다. 완곡하게 돌려 말하는 방법도 있을 테고, 상대가 못 알아들으면 그때 설명을 곁들여 직접적인 표현을 할 수도 있다.

중요한 것은 방법이다. 상대가 듣고 수긍할 수 있게 말을 했는지, 수긍은커녕 거센 반발만 일으키게 했는지 곰곰이 생각해보면 알 수 있을 것이다.

입에서 나오는 대로 그냥 지껄이듯이 하는 말은 정말 위험하다. 본의 아니게 상대의 오해를 살 것 같은 말이라면 차라리 침묵하라!

의도가 왜곡된 말은 오해와 불신을 넘어서 그 사람의 인격 자체를 의심하게 만든다. 특히 사회생활을 하는 사람이라면 말 한마디 때문에 전체로부터 소외당할 수도 있다는 점을 염두에 두어야 한다. 적당한 때 꼭 필요한 말을 하는 것도 성공의 한 요건이다.

＊ 말이란 인간관계에서 의사소통의 기본이 되는 수단이지만 누가, 무엇을, 어떻게 말하는가에 따라서 그 의미가 무한대로 달라지는 속성이 있다. 그러므로 말하는 것도 하나의 기술이다.

훌륭한 인격은
그 사람의 재산이다

인격은 곧 재산이다. 나를 남에게 보여줄 수 있는 가장 직접적인 표현이며, 나를 움직이는 가장 근원적인 힘이다. 또한 사람 됨됨이의 가장 기본이자 인생의 목표이며 푯대다.

인격은 지식이나 학식의 많고 적음과는 상관없다. 이를테면 학식이 높은 학자라고 해서 반드시 고매한 인품을 갖춘 것도 아닐뿐더러 못 배운 이가 상대적으로 낮은 품격을 지녔다고는 단정지을 수 없다. 그렇다고 해서 학문을 부정하는 것은 아니다. 다만 학식이나 지위의 노예가 되지 말자는 뜻이다. 지식과 지혜가 다른 점도 바로 그것이다.

지식은 많지만 지혜롭지 못한 사람이 있는가 하면 학식은 많지 않으나 지혜로운 사람이 있다. 물론 인격을 좌우하는 것은 지식보다는 지혜로운 생활태도에 달려 있다.

최고의 인격이란 노력 없이 얻어질 수 없다. 끊임없는 자기

수양과 자기 계발 그리고 자제심을 필요로 한다. 물론 인간이기 때문에 유혹에 빠지며 좌절할 수 있지만 항상 지금보다 더 나은 '나'를 위해 노력한다면 그리 어려운 것만도 아니다.

인격은 곧 그 사람이다. 아무리 감추려고 해도 고유의 빛깔을 띠고 향내를 풍기는 것이 인품이다. 그 사람을 둘러싸고 있는 분위기라도 해도 좋겠다. 자연스럽게 밴 그 사람만의 독특한 분위기!

고매한 인품을 지니기 위해 사람들은 종종 위대한 인물의 평전을 읽고 그를 동일시의 대상으로 삼아 그와 비슷한 삶을 살겠다고 목표를 정한다. 물론 고된 노력이 뒤따라야 할 것이다. 물질보다는 정신에 가치를 두고, 세속적인 명예보다는 덕과 지혜를 갖춘 인격체를 모델로 삼아 끊임없이 자신을 갈고 닦아야 한다.

산다는 것은 끊임없는 노력과 인내를 필요로 한다. 한순간의 좌절이나 절망도 견뎌낼 수 있어야 하며, 기쁨과 성취를 겸손히 받아들일 줄 알아야 한다.

이 세상에 자기 자신보다 더 자신을 들볶고 상처 주는 존재는 없다. 자신도 잘 알고 있다고 생각했던 단점은 어느새 비수가 되어 날을 벼리고 자신을 들쑤신다. 아프다. 자신의 결점이나 단점으로 괴로워하는 것만큼 심각한 고통은 없을 것이다.

그러나 자신의 단점을 잘 아는 사람일수록 마음이 따뜻하다. 객관적으로 자신을 들여다볼 수 있기 때문이다. 자기를 잘 알면 알수록 그만큼 남을 배려하는 데 인색하지 않다. 입장을 바꿔 생각하기가 용이하기 때문이다.

변질되지 않는 진심과 포용력 있는 태도는 진정 사람들의 마음을 감동시키는 힘이 있다. 그것이 곧 인격이라는 것이다. 물론 훌륭한 인격을 갖추기란 생각처럼 쉬운 일이 아니다.

또한 인격은 흐르는 물과 같아서 자꾸 변화한다. 나이를 먹으면서 변하고, 상황에 따라 달라지고, 학식의 정도에 따라 좀 더 다른 모습을 띠기도 한다. 그러므로 우리는 끊임없는 자기 성찰과 겸손한 마음가짐으로 올바른 인격을 닦아나가기 위한 노력을 기울여야 한다.

누구나 갖고 있지만 누구나 존경받기란 어려운 것. 그것이 바로 인격이라는 정신의 산물이요, 가장 귀중한 인생의 재산이라는 것이다.

＊인격은 곧 그 사람이다. 아무리 감추려고 해도 고유의 빛깔을 띠고 향기를 풍기는 것이 인품이다.

누군가에게
오래 기억되는 사람

누군가에게 잊히는 것만큼 서글픈 일은 없다. 사람은 일반적으로 타인에게 오래 기억되고 싶은 욕망이 있다. 헤어지면서도 좋은 인상을 남겨주고 싶어 할 뿐만 아니라 잊히지 않기를 소망한다. 그런 마음은 비단 연인 관계에서만 갖게 되는 것은 아니다.

우리는 친구, 애인, 동료 등 나를 아는 모든 사람들에게 특별한 존재로 기억되길 바란다.

프랑스의 작가이자 정치가인 샤토브리앙은 조지 워싱턴을 만나고 난 소감을 자신의 비망록에 이렇게 남겼다.

"일생에 단 한 번뿐이었던 그 만남을 나는 잊을 수가 없다. 내가 무명작가 시절을 보낼 동안 워싱턴은 이미 고인이 되어 지하에 묻혔고, 훗날 내가 그의 묘소를 방문했을 때 그는 죽어서도 눈부신 빛을 발하고 있었다. 그것이 과연 나만의 느낌이

었던가. 그는 나라는 존재를 이미 옛날에 잊었겠지만 처음 그
와 눈길이 마주쳤던 순간을 나는 지금도 생생히 기억한다. 위
대한 인물은 눈빛만으로도 상대방을 제압한다. 워싱턴이 바로
그랬다. 그때의 기억을 되살리면 지금도 나는 훈훈해진다."

샤토브리앙 역시 당대 최고의 작가로 추앙받았다. 그러나
그의 기억 속에서 조지 워싱턴은 자신이 따라잡을 수 없는 위
대한 인물로 각인되어 있었음을 알 수 있다.

덕을 지닌 인물은 많은 사람들로부터 추앙받으며 오랫동안
기억된다. 또한 남을 존경하는 마음은 상대방을 닮고 싶다는
마음을 불러일으키기 때문에 결과적으로 나 자신을 이롭게
한다. 다른 사람의 훌륭한 점을 인정하고 칭찬할 줄 알며 본
받으려고 노력하다 보면 자신도 모르게 한 걸음 그에게로 다
가서게 되는 것이다.

물론 저 잘난 맛에 사는 사람들도 있다. 따지고 보면 우리
가 이 세상에서 가장 사랑하는 것은 결국 자기 자신인지도 모
른다. 그러나 지나친 자기애는 우물 안 개구리처럼 사람을 편
협하게 만든다.

누군가에게 오래 기억되고 싶다면 지나치게 자신만을 내세
우지 말고 한 걸음 뒤로 물러서서 타인을 인정해주는 자세가
필요하다. 거기에 한결같은 관심과 배려가 보태진다면 금상
첨화일 것이다.

이 세상에는 나보다 인격적으로 훌륭한 사람이 얼마든지 많다. 그것을 인정하지 않는다면 바람직한 인간관계는 형성되기 어렵다. 스스로를 높이려 하면 낮아지고, 겸손한 자세를 가지면 남들이 치켜세워주는 것이 세상 이치다.

남을 칭찬하고 인정할 줄 아는 마음을 갖자. 그것은 순수하고 사심 없는 마음가짐일 때 가능한 일이다. 시기와 질투로 남의 공적을 낮춰 보고 뒤에서 깎아내리는 행위야말로 소인배들이나 하는 짓이다. 남의 경사에 진심으로 기뻐하고 축하해주는 마음의 여유를 갖는 것도 인격자가 갖춰야 할 덕목 중 하나다.

도량이 좁은 사람은 역시 스케일도 작다. 그런 인물에게서 타인을 인정하고 존중하는 진심 어린 말을 기대한다는 것 자체가 무리인지도 모른다.

칭찬에 인색하면 그만큼 자신도 다른 사람 눈에는 하찮게 보인다는 것을 명심하라.

자, 이제 다시금 새로운 렌즈를 통해서 주변을 둘러보자.

나보다 나은 사람, 인격적으로 덕을 쌓은 사람, 배울 점이 많은 사람을 찾으러 떠나자. 학교에서, 직장에서, 필요하다면 더 넓은 세상으로 나가 어느 면으로 보나 나보다 나은 사람을 만나도록 하자.

사람은 자기 생각만큼만 상대를 보고 평가하기 마련이다.

자기의 생각과 눈을 키우려면 대인관계도 신중히 할 일이다.

오랜만에 봐도 늘 보며 지냈던 것 같은 느낌을 주는 사람도 좋고, 오래 소식 전하지 못하고 지냈어도 언제든지 연락하면 의사소통이 가능한 사람……. 그런 사람이 열 손가락을 넘는 다면 얼마간은 성공한 인생이다.

＊누군가에게 오래 기억되고 싶다면 지나치게 자신만을 내세우지 말고 한 걸음 뒤로 물러서서 타인을 인정해주는 자세가 필요하다. 거기에 한결같은 관심과 배려가 보태진 다면 금상첨화일 것이다.

마음의 눈으로
사물을 통찰하라

러시아 속담에 주의력이 산만한 사람을 가리켜 "숲 속을 걸어가도 땔감을 찾아내지 못한다."라고 빗대었다.

지혜롭기로 유명한 고대 이스라엘의 왕 솔로몬도 "슬기로운 사람의 눈은 바로 머릿속에 있다."라고 말했다.

중요한 것은 마음의 눈으로 사물을 꿰뚫어볼 줄 알아야 한다는 사실이다. 사려 깊지 않은 사람에게는 바로 눈앞에 있는 보물도 보이지 않지만, 총명한 통찰력을 지니고 있는 사람은 사물의 저 안쪽에 숨어 있는 진리까지도 볼 수 있는 혜안을 지녔다.

갈릴레이 이전에도 높이 매달린 물체가 규칙적으로 움직이는 것을 목격한 사람은 무수히 많다. 그러나 그런 현상의 가치를 확실하게 파악한 것은 갈릴레이뿐이었다. 다음의 일화는 갈릴레이가 남다른 통찰력을 지니고 있음을 잘 보여주고

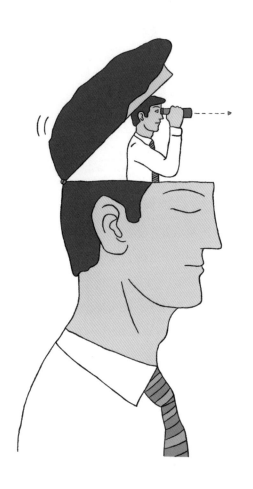

있다.

어느 날 피사 대성당 수위가 지붕 밑에 매달아놓았던 램프를 닦았다. 램프는 청소를 마친 수위가 그 자리를 떠난 뒤에도 계속해서 좌우로 흔들리고 있었다.

그런데 당시 열여덟 살에 불과했던 갈릴레이의 눈에는 이 램프의 흔들림이 예사롭지 않게 보였다. 그는 이것을 주의 깊게 관찰하고, 그 원리를 시간의 계측에 활용할 수는 없을까 연구하기 시작했다.

그 후 50여 년에 걸친 연구와 노력 끝에 비로소 갈릴레이는 진자(振子)의 실용화에 성공했다. 시간 측정과 천문 계측에 있어서 이러한 발전은 아무리 높게 평가해도 지나치지 않은 것이다.

또한 그는 네덜란드의 어느 안경업자가 시력이 나쁜 백작에게 먼 데 있는 것을 가깝게 보이도록 하는 기구를 만들어 바쳤다는 이야기를 듣고 망원경을 발명하기도 했다. 이것이 바로 근대 천문학의 시초를 이룬 것이다.

만일 갈릴레이가 사물을 그저 일상적인 눈으로 스쳐 지나쳤거나, 수동적으로 남의 이야기를 흘려듣는 인간이었다면 이렇듯 위대한 업적은 결코 이룰 수 없었을 것이다.

주의 깊은 관찰자는 총명한 눈으로 사물을 보기 때문에 언뜻 보기에는 아무것도 아닌 것 같은 현상에서도 중대한 의미를 찾아낸다.

콜럼버스가 신대륙을 찾아나섰을 때에도 그의 통찰력은 심각한 고비를 넘기는 데 결정적인 역할을 했다. 목표로 하는 육지를 발견하지 못하자 선원들은 차츰 지쳐가기 시작했다. 그러한 불만은 점차 커져서 마침내 반란의 위기가 닥칠 지경이었다.

그러던 어느 날 콜럼버스는 배 옆에 해초가 떠 있는 것을 발견하였다. 근처에 육지가 있다는 증거였다.

그는 이 하찮은 해초의 덕택으로 신대륙에 가까워졌음을 선원들에게 확신시켜 폭동을 일으킬 기미를 보이던 그들을 통제할 수가 있었다.

실제로 이와 같이 사소한 발견이 크게 도움을 주는 경우가 많다. 그러므로 우리가 세상을 살아가는 데 있어서 성공의 비결이 되는 것은 주변의 아주 작은 일에도 세심한 주의를 기울이는 것이다.

어찌 보면 인간의 지식이란 사소한 사실의 축적물에 불과하다. 그러나 오랜 세월에 걸쳐 쌓아온 지식이나 경험의 단편들이 모여서 급기야는 거대한 피라미드를 이루게 된다. 처음에는 그다지 중요하다고 생각지 않았던 것이, 나중에는 커다란 역할을 담당하는 경우가 많은 것이다.

예를 들면 고대 그리스의 수학자 아폴로니오스의 경우가

그렇다. 그는 그 당시에 이미 '원뿔곡선 이론'을 정립시켰는데, 이 이론이 항해술에 도입되어 실용화되는 데에는 무려 2000년이라는 엄청난 세월을 필요로 했던 것이다.

★ 중요한 것은 마음의 눈으로 사물을 꿰뚫어볼 줄 알아야 한다는 사실이다. 사려 깊지 않은 사람에게는 바로 눈앞에 있는 보물도 보이지 않지만, 총명한 통찰력을 지니고 있는 사람은 사물의 저 안쪽에 숨어 있는 진리까지도 볼 수 있는 혜안을 지녔다.

고독한 선구자가
세상을 변화시킨다

미국의 과학자이며 정치가인 벤저민 프랭클린이 번개의 정체가 전기라는 것을 실험으로써 밝혀냈을 때 사람들의 반응은 냉담할 뿐이었다.

"그런데 그것을 어디에 쓴다는 말입니까?"

프랭클린은 자신을 비웃는 사람들에게 이렇게 말했다.

"그렇다면 갓난아이들은 지금 무슨 쓸모가 있지?"

프랭클린은 한마디로 고독한 선구자였다. 사람들은 그와 같은 발견이, 갓난아이가 자라서 훗날 훌륭한 어른이 되듯 인류에게 크나큰 변화를 가져다줄 것이라는 사실을 좀처럼 인정하려 들지 않았다.

이탈리아의 의학자인 갈바니도 프랭클린처럼 고독한 선구자였다. 그는 개구리의 다리를 각기 종류가 다른 금속에 동시에 접촉시키게 되면 근육이 경련을 일으킨다는 것을 발견하

였다. 당시만 해도 그 원리에 전신기술의 이치가 숨어 있다는 사실은 그 누구도 상상하지 못했다.

광산에서 물을 퍼올려 제분기를 움직이고, 배나 기관차를 달리게 하는 동력은 열에 의해 팽창된 물의 힘, 즉 증기의 힘을 이용하는 것이다.

주전자에서 증기가 분출되어 나오는 것은 흔히 볼 수 있는 광경이다. 그러나 정교하게 만들어진 장치 안에서 이 증기가 활용되면 수백만 마력에 해당되는 커다란 힘이 발휘된다. 이렇듯 실생활에 꼭 필요한 증기의 원리도 실은 아주 사소한 발견으로 이룩된 성과였다.

전하는 말에 따르면 런던탑에 유폐되어 있던 우스터 후작이 끓는 물의 열기에 의해서 주전자 뚜껑이 날아가는 것을 보고 우연하게도 증기의 위력에 관심을 갖기 시작했다는 것이다.

우스터 후작은 그의 저서 『발명의 세기』에 이러한 연구 결과를 상세히 발표하였다.

이 책은 한동안 증기의 힘을 연구하는 사람들의 교과서가 되었는데, 마침내 세이버리와 뉴커먼 같은 사람들이 증기기관을 만들어내는 데 결정적인 역할을 하였다.

그리고 글래스고 대학에 보관되어 있었던 뉴커먼의 증기기관 모형을 수리해 달라는 부탁을 받은 사람이 바로 와트였다. 그는 이 우연한 계기를 일생일대의 기회로 활용하여 일생 동안 노력을 기울인 끝에 고성능의 증기기관을 완성했고, 그것은 산업혁명의 기술적 원인을 조성하는 엄청난 역할을 했던 것이다.

★ 인생에는 아무리 노력하고 헌신해도 보답받지 못하는 일이 많다. 그렇다고 해서 아무런 뜻도 의욕도 없이 세상을 살아갈 것인가. 마음속에 곧은 뜻을 세우지 않은 인생은 재갈을 물리지 않은 말과 같다.

기회는 사소한 곳에서
찾아온다

'전기분해의 법칙'으로 유명한 패러데이는 대장장이의 아들이었다. 그는 가난한 집안 환경 때문에 어렸을 때부터 아버지의 일을 도와야 했고, 좀 더 자라서는 제본소에서 일했다. 그가 빈 병 하나만으로 전기의 원리를 깨우치려고 시도한 것도 바로 그 제본소에서 일할 때였다.

패러데이는 백과사전을 제본하던 중 우연히 '전기'라는 항목에 주목하게 되었다.

어느 날, 평소부터 과학에 흥미를 갖고 있던 그는 그 부분을 열심히 읽고 전기의 흐름에 관한 실험을 시도해보았다. 바로 그때 영국 왕립연구소의 간부 한 사람이 그곳에 들렀던 것이다.

그는 젊은 제본공이 전기에 대해 관심을 갖고 있다는 사실을 기특하게 여긴 끝에 자신이 소속되어 있는 왕립연구소에서 무료로 강연을 듣도록 허락해주었다. 그는 바로 당시 영국의 대표적 물리학자였던 험프리 데이비였다.

그 후 패러데이는 왕립연구소에서 그 어려운 물리학 강의를 들었는데, 데이비는 일개 제본공에 불과한 그가 자신의 강의 내용을 정확하게 이해하는 것을 보고 놀라움을 감추지 못했다. 결국 패러데이는 그의 조수로 채용되었고, 마침내 '전기분해의 법칙'을 비롯한 여러 가지 새로운 학설을 정립하기에 이른 것이다. 그뿐 아니라 그는 훗날 왕립학회 회원이 되고 왕립연구소 초대 풀러 화학 석좌교수 직을 평생 유지하는, 학자로서 최고의 지위에 오르는 영광을 안게 되었다.

불우한 환경에서 태어나 평생 제본공이나 대장장이로 살아갈 뻔했던 패러데이에게 어느 날 갑자기 행운이 찾아든 것은 실로 우연한 일이었다. 그는 그 우연한 기회를 자기 것으로 만들었고, 마침내는 자신의 위치를 최고의 경지에까지 끌어올렸다.

물리학에 대한 본인의 재능과 정열, 그리고 한번 잡은 기회를 놓치지 않는 그의 적극성이 완벽하게 조화를 이루어낸 결과였다.

이 점에서는 프랑스의 유명한 동물학자 퀴비에의 에피소드도 좋은 교훈이 된다.

그는 열여덟 살에 노르망디 해안에 있는 어느 집 가정교사로 들어가게 되었다. 이 집에 머물던 중 하루는 갑오징어 한 마리가 해변으로 밀려와 있는 것을 발견했다.

그는 이 신기한 모습의 해양생물에 흥미를 느껴 그것을 해부해보기로 했다. 오징어를 직접 보기는 그때가 처음이었던 것이다.

이런 일이 계기가 되어 연체동물에 관한 연구가 시작되었다. 그러나 퀴비에는 연구에 필요한 참고서적 같은 것은 한 권도 가지고 있지 않았다. 그에게는 다만 대자연이라고 하는 위대한 책이 있었을 뿐이었다.

이처럼 대자연을 참고서 삼아 빈틈없는 관찰력으로 현존하는 바다생물을 해부하고 화석(化石)과의 비교연구를 실시한 결과, 3년 후에는 새로운 분류법의 기초를 구축할 수 있었다.

이 연구의 덕택으로 젊은 동물학자 퀴비에의 이름은 오늘날까지 학계에 전해지고 있는 것이다.

거듭 강조하지만 성공을 이루는 원동력은 우연의 힘이 아니라 확고한 목표를 향해서 끈기 있게, 부지런히 노력하는 자세이다.

의지가 박약하고 나태한 인간, 목적도 없이 무위도식하는 인간에게는 아무런 행운도 찾아오지 않는다. 그런 사람들은 눈앞에 좋은 기회가 찾아와도 그 의미를 깨닫지 못하여 그대로 놓쳐버리고 마는 것이다.

반대로, 반드시 기회를 내 것으로 만들고야 말겠다는 의지를 가지고 주의 깊게 사물을 관찰한다면 기회는 언제나 우리 곁에 있다.

　즉 성공과 실패는 그것을 기민하게 포착해서 실행으로 밀고 나가느냐, 그냥 방치하느냐에 달려 있을 뿐이다.

★ 기회는 우리가 생각지도 못했던 사소한 데서 찾아온다. 그러나 반드시 기회를 내 것으로 만들겠다는 의지가 없는 사람에게, 기회는 단지 스쳐 지나가는 것에 불과하다.

하루 한 시간만이라도
유익한 일에 투자하라

미국의 언어학자 엘리휴 버리트가 이런 말을 했다.

"내가 성공한 것은 재능이 있어서가 아니다. 나는 하루하루의 시간을 꼭 필요한 일에 투자했기 때문에 마침내 뜻한 바를 이룰 수 있었다."

그는 생계를 유지하기 위해 대장간에 나가 일을 하면서 틈틈이 우리가 '여가'라고 하는 소중한 시간을 이용하였다. 그 결과 약 18개의 고대 언어와 22개의 유럽 방언에 정통한 학자가 된 것이다.

"시간은 소멸하는 것이지만, 그것을 어떻게 쓰는가는 우리들 자신에게 달려 있다."

옥스퍼드 대학교 올 솔즈 칼리지의 해시계에 새겨진 이 엄숙한 격언이야말로 젊은 사람들에게 귀중한 교훈을 깨우쳐주고 있다.

영원불멸의 진리 가운데서 단지 시간만이 인간의 재량권에 속해 있다. 그리고 인간의 수명에 한계가 있는 것처럼 시간도 한번 지나가버리면 두 번 다시 되돌아오지 못한다.

엑서터 대성당 잭슨 주교가 이런 말을 했다.

"세속적인 재산은 아무리 낭비하더라도 훗날에 근검절약하는 생활로 보충이 될지도 모른다. 그러나 오늘 낭비한 시간을 내일 되찾을 수 있다고 장담할 수 있겠는가?"

시간만큼 귀중한 재산은 없다. 남의 귀중한 시간을 방해하는 것도 죄악이요, 자신에게 주어진 시간을 함부로 허비하는 것 또한 죄악이다.

한 신학자에게 예고 없이 방문객들이 들이닥쳤다.

"선생님의 시간을 방해한 것은 아닌지요?"

방문객들이 예의를 차린답시고 의례적으로 물었다. 그러자 그 신학자는 망설일 것도 없이 이렇게 대답했다.

"솔직히 방해가 되는군요."

위대한 인물들은 시간을 가장 큰 재산으로 여겼고, 철저하게 아꼈으며, 유용한 일에 쓸 줄 알았다. 그리고 그것을 후세 사람들에게 교훈으로 남겨주는 것이다. 그렇게 바쳐진 시간들은 참으로 숭고하기까지 하다.

일례로 뉴턴은 『연대기』를 집필할 때 그가 만족스럽다고 느낄 때까지 열다섯 번이나 다시 썼으며, 역사학자 기번도

『회고록』의 원고를 아홉 번이나 고쳐 썼다고 한다.

흄은 『영국사』를 집필할 때 하루에 열세 시간을 원고지와 씨름했다.

"자네는 내 책을 겨우 몇 시간 정도면 다 읽을 수가 있겠지만, 나는 그 책을 쓰는 동안에 머리가 백발이 될 정도로 고생이 심했단 말일세."

이것은 『법의 정신』을 저술한 몽테스키외가 자신의 친구에게 저작 활동의 고충을 털어놓으면서 한 말이다.

평범한 사람들이 공연한 일에 신경을 쓰느라 소화불량을 앓는다면, 위대한 인물들은 좀 더 가치 있는 일에 자신을 몰입시키느라 골머리를 앓는다. 천재와 백치가 종이 한 장 차이라지만, 그 한 장의 질량은 이처럼 엄청난 차이가 있다.

＊영원불멸의 진리 가운데서 단지 시간만이 인간의 재량권에 속해 있다. 그리고 인간의 수명에 한계가 있는 것처럼 시간도 한번 지나가버리면 두 번 다시 되돌아오지 않는다.

한 사람의 신념이
만인을 구한다

프랑스의 전설적인 외과의사 앙브루아즈 파레는 불굴의 의지와 강한 인내력을 보여준 표본이라 할 만하다.

파레는 가난한 이발사의 아들로 태어났다. 집안 형편 때문에 자식을 학교에 보낼 수 없었던 부모는 그를 학식 있는 목사 집의 하인으로 들여보냈다. 그렇게라도 해서 뭔가 배우는 게 있기를 바란 것이다.

그러나 파레가 하인으로 들어간 목사 집에서는 그를 한시도 쉬지 않고 부려먹었기 때문에 도무지 공부할 시간을 얻을 수 없었다.

그러던 중 하루는 유명한 외과의사가 마을에 와서 목사의 친구에게 방광결석 제거수술을 해주었다. 우연찮게 그 광경을 곁에서 지켜보게 된 파레는 이때부터 의사라는 직업에 커다란 매력을 느꼈다.

그 후 목사 집을 나온 파레는 어느 이발 외과의사의 조수로 들어갔다. 당시는 이발소에서 간단한 치과 시술이나 혈액 채취를 겸하던 시절이었다.

그곳에서 4년 동안 경험을 쌓은 파레는 다시 파리로 가서 해부 및 외과 수술을 전문으로 가르치는 학교에 다녔고 얼마 후 프랑스군 군의관으로 임명되었다.

당시는 전쟁 중이라 병원마다 부상병들이 넘쳐나던 시절이었다. 그런데 문제는 수술기법이 발전하지 못하여 전쟁터에서 총상을 입은 군인들이 총상 때문이 아니라 군의관의 잘못된 치료로 죽은 경우가 허다했다는 점이었다.

군의관들은 출혈을 막는답시고 펄펄 끓는 기름으로 상처를 닦거나 뜨겁게 달군 쇠로 환부를 지지기도 했으며, 수술 부위를 절단해야 할 경우에도 뜨겁게 달군 칼을 들이대는 등 야만적인 방법을 썼다.

파레도 처음에는 다른 군의관들과 같은 방법으로 부상병들을 치료했다. 그런데 부상병들이 너무 고통스러워하는 것을 보고 보다 순화된 방법을 쓰게 된 것이다.

물론 이 과정에서 혹 잘못되지는 않을까 노심초사하긴 했지만 결과는 대만족이었다.

"이제는 죽을 염려가 없어. 우리의 친구 파레가 왔으니까!"

병사들은 파레가 병원에 나타나기만 해도 구세주를 만난

것처럼 환호하며 그에게 의지하였다. 스페인과 교전 중일 때는 심지어 적군들에게까지 파레의 참된 인술이 알려져 포로로 잡혔다가 목숨을 건지기도 했다.

이렇게 파레는 진일보한 총상 치료법으로 수많은 생명을 구할 수 있었고, 그 공로를 인정받아 왕의 주치의로 임명되기까지 했다.

파레는 대부분의 의학적 성과를 독학으로 일궈냈고 결코 흔들림 없이 자신의 신념을 지켜나간 의지의 화신이었다.

그렇다. 참으로 훌륭한 사람은 남의 평가 따위에는 그다지 개의치 않는다. 오직 성심성의껏 자기의 본분을 다하고 양심적이었다고 느낀다면 그것을 자랑과 기쁨으로 여기고 만족하는 것이다.

영국의 의사이자 생리학자인 윌리엄 하비는 혈액이 체내를 순환하고 있다는 사실을 최초로 발견한 인물이었다. 하지만 그가 자신의 학설을 공표하기까지는 무려 8년이 넘는 긴 시간이 필요했다. 그가 그토록 신중하게 발표한 것은 그 학설이 당시 학계의 맹렬한 반대에 부딪치리라는 것을 예상했기 때문이었다.

그리고 드디어 '혈액순환설'을 한 권의 논문으로 발표했을 때, 그를 기다리고 있었던 것은 예상했던 대로 비난의 소리뿐이었다. 그의 학설은 미친 사람의 잠꼬대 정도로밖에 받아들여지지 않았던 것이다.

하비의 학설을 지지하는 사람은 한 사람도 없었다. 그의 귀에 들려오는 것은 모욕과 경멸에 찬 조소뿐이었다. 의사 일도 제대로 할 수 없었고, 친구들도 대부분 그의 곁을 떠나버리고 말았다. 그는 신성한 의학의 권위에 정면으로 도전한 패륜아였고, 『성경』의 존엄성마저 부정한 사탄의 추종자로 낙인찍혀 버린 것이다.

그로부터 모진 시련이 닥쳐왔으나 하비는 결코 자신의 소신을 굽히지 않았다. 그리하여 25년이라는 긴 세월이 흐른 뒤 그의 학설은 과학적으로 실증된 진리로서 일반에 널리 인정받게 된 것이다.

★ 참으로 훌륭한 사람은 남의 평가 따위에는 그다지 개의치 않는다. 오직 성심성의껏 자기의 본분을 다하고 양심적이었다고 느낀다면 그것을 자랑과 기쁨으로 여기고 만족하는 것이다.

시련을 견디는 힘은
신념에서 나온다

에드워드 제너의 일생은 한마디로 파란만장했다. 그는 종두법 연구에 평생을 바쳤다고 해도 지나치지 않을 만큼 자기 신념이 확고한 인물이었으나 세상은 좀처럼 그를 인정하려 들지 않았다. 천연두 예방에 관한 그의 논문이 처음 발표되었을 때도 마찬가지였다.

의학계는 그의 논문을 철저하게 무시했고, 나아가 차츰 노골적인 적의를 드러내기 시작했다.

제너는 종두의 효능을 설명하고 그것을 세상에 널리 알리기 위해서 런던에 있는 학회에 보고서를 제출했다. 그러나 의학계의 거센 반발에 부딪혀서 3개월 동안 헛수고만 하다가 초라한 귀향길에 올라야 했다.

고향에서도 그를 기다리는 것은 호된 비방과 중상뿐이었다.

사람들은 그가 암소의 젖에서 병균을 꺼내 인체에 주입시키려 한다고 떠들어댔다. 그렇게 해서 사람을 짐승처럼 만들려 한다는 것이다. 목사들도 종두법을 마치 악마의 주술 같은 것이라고 몰아붙였다. 예방주사를 맞은 아이들이 소처럼 얼굴이 변하고 이마에는 뿔까지 솟았다는 그럴싸한 소문이 퍼지기 시작했다. 심지어 어떤 아이는 목소리도 소처럼 변해서 알아들을 수 없는 괴성을 질러댄다는 소문도 있었다.

그런가 하면 천연두 예방주사를 맞은 사람은 마을사람들한테 돌팔매질을 당하거나 아예 집 안에 꼼짝없이 갇혀버리는 경우도 있었다.

몇몇 사람들에게는 제너는 이단자였고, 악의 사주를 받은 마귀였으며, 극악무도한 행위를 서슴지 않는 범죄자였다. 그러나 그는 자신의 연구 결과에 철저한 신념을 갖고 있었기 때문에 그 정도 시련에 결코 굴하지 않았다. 마침내 그의 끈질긴 설득에 힘입어 종두법을 신뢰하는 사람들이 하나씩 늘어가기 시작했다. 그중에서도 듀시 부인과 버클리 백작부인은 자신의 아이들에게 예방접종을 시키는 용기 있는 행동으로 세상 사람들의 이목을 끌었다. 지체 높은 귀족 가문의 자제들이 예방접종에 응했다는 사실은 당시 사회 분위기로 보아 센세이션을 일으키기에 충분한 것이었다.

이 사건은 결국 종두법에 대한 사회적 편견을 타파하는 데 결정적인 실마리가 되었다. 이 일을 계기로 의학계의 움직임도 서서히 변화하기 시작한 것이다. 게다가 막상 종두의 중요성이 인정을 받게 되자 제너의 공적을 가로채려는 의사까지 나타나게 되었다.

마침내 제너의 신념은 승리를 얻었다. 그는 이제 종두의 발견자로서 온 세상의 존경을 한 몸에 받게 되었다.

이제 정상의 자리에 올라 남부러울 것 없는 위치에 우뚝 선 제너. 그러나 그는 결코 지난날의 겸허함을 잊지 않았다

런던으로 건너가 병원을 개업하지 않겠느냐는 유혹이 빗발치기 시작한 것도 그 무렵이었다. 그렇게 되면 연간 1만 파운드의 수입을 보장하겠다는, 당시로선 획기적인 제안도 몇 번 있었다. 그럴 때마다 제너는 정중하게, 그러나 단호하게 거절의 뜻을 밝혔다.

"젊었을 때부터 나는 인생의 그늘진 골짜기로만 걸어왔소. 병들고 가난한 사람들과 함께 평생 조용하게 머리 숙이며 사는 게 내 소원입니다. 이제 죽을 날이 가까워지는 마당에, 굳이 내 몸을 산꼭대기에 올려놓고 돈이나 명성을 추구할 까닭이 무엇이겠습니까?"

* 애매하게 행동하면 명성을 얻지 못하고, 모호하게 일을 하면 공을 세우지 못한다. 일을 추진하려면 확실한 신념을 갖고 결단력 있게 밀고 나가야 한다. 애매모호한 태도만큼 일을 그르치고 자신을 우스꽝스럽게 만드는 것은 없다.

소심하게 굴기엔
인생은 너무 짧아

살아가는 데도
기술이 필요하다

당신은 삶을 살아가고 있는가, 아니면 단지 살아내고 있는 것뿐인가?

비슷한 질문인 것 같지만 엄밀히 따져보면 상반된 의미를 담고 있다.

인생의 주체는 자기 자신이다. 그런데 스스로 주체가 되지 못하고 마지못해 끌려간다면 그처럼 불행한 삶도 없을 것이다.

미국의 문학가인 메이시는 "여러 가지 기술 중에서 가장 훌륭하면서도 터득하기 어려운 기술이 바로 살아가는 기술이다."라고 말했다.

그렇다. 살아가는 데도 기술이 필요하다. 아무렇게나 되는 대로 사는 것은 삶이 아니라 그저 목숨이 붙어 있을 때까지 시간을 지속하는 것일 뿐이다.

인간이 짐승과 다른 것 세 가지를 꼽으라면, 첫째는 두 발

로 서서 걸어다니는 것이고, 두 번째는 이성을 지녔으며, 세 번째는 불을 사용할 줄 안다는 것이다.

이성을 지닌 인간이기 때문에 자신의 삶을 가꾸기 위해 가장 나은 방법을 연구하고 모색하려고 하는 것은 어쩌면 당연한 일인지도 모른다.

그렇다면 가장 바람직한 삶의 기술이란 어떤 것인가?

무엇보다도 긍정적인 사고방식을 갖는 것이다. 매사를 낙관적으로 생각하고 어떤 계획을 세우든지 가능할 것이라는 믿음을 갖는 것이 중요하다.

"이게 과연 될까?"

시작도 하기 전에 이런 생각부터 하면 될 일도 안 된다.

"난 할 수 있어. 지금까지 내 계획대로 되지 않은 일이 있었나?"

이런 자신감이 필요하다. 물론 계획이 단번에 이뤄지지 않은 경우도 있을 것이다. 몇 번의 시행착오를 겪고 실수 끝에 성취한 것일지라도 어쨌든 이루지 않았는가. 시간이 좀 걸렸더라도 결국 마음먹은 대로 이뤄졌다는 사실이 중요하다.

그런데 대부분의 사람들은 몇 번 시도해보고 뜻대로 되지 않으면 쉽게 포기한다. 그리고 이렇게 말한다.

"그럼 그렇지, 될 턱이 있나. 내 인생이 언제 고속도로처럼 쫙 펼쳐진 적이 있냐고!"

지레 포기해버리니 성공할 기회도 그만큼 줄어드는 것이다.

성격이 명랑하고 긍정적인 사람들은 인생을 즐겁게 보내고, 매사 부정적이고 비판적인 사람은 인생 자체가 회색빛으로 보일 뿐이다. 그런 사고방식은 자신뿐만 아니라 주변 사람들에게도 영향을 끼친다.

"난 왠지 그 사람이랑 있으면 즐겁고 자꾸 웃게 돼! 시간 가는 줄 모른다니까!"

"아휴, 그 친구! 가능하면 안 만나는 게 정신 건강에 좋아. 사람이 비비 꼬여서 무슨 불평불만이 그렇게 많은지. 얘기하다 보면 나까지 답답해져!"

어느 날 밤, 파티를 마치고 집으로 돌아오던 사람이 갑자기 순찰을 돌던 경찰을 붙잡고 다급하게 호소했다.

"아까부터 누군가 수상한 사람이 날 자꾸만 미행하고 있어요. 도저히 이대로 집에 갈 수가 없습니다. 조사 좀 해주시오!"

경찰은 남자의 말을 듣고 주변 골목을 샅샅이 뒤져보았지만 밤이라 산책하는 사람 한 명 없이 조용했다. 남자가 자신을 따라온다고 여겼던 것은 다름 아닌 자신의 그림자였던 것이다.

인생은 그런 것이다. 얼마든지 생각하기에 따라서 상황은 급진전과 급전환을 하기 마련이다. 수많은 그물코를 엮어야 투망이 되듯 자기 인생의 그물코도 자신이 짜나가는 것이다.

사람은 상대적이다. 상대를 통해 자신을 본다는 말이다. 상대의 결점을 통해 내 결점을 깨닫고, 또 장점을 보면서 나도 닮고 싶다는 생각에 스스로 변화를 모색한다. 그렇다면 당신은 상대에게 긍정적으로 비춰지고 있는가?

누군가가 언제든지 당신을 만나고 싶어 하며 필요로 하는가? 앞에 놓인 거울을 깨끗이 닦고 한번 들여다보라!

＊가장 바람직한 삶의 기술이란 무엇보다도 긍정적인 사고방식을 갖는 것이다. 매사를 낙관적으로 생각하고 어떤 계획을 세우든지 가능할 것이라는 믿음을 갖는 것이 중요하다.

인정받고 싶다면
먼저 인정하라

남들에게 인정받고 싶은가? 그렇다면 먼저 남을 인정하라.

사람들과 좋은 관계를 유지하고 싶은가? 그렇다면 먼저 손을 내밀고 악수를 청하라. 타인에게 신뢰를 얻고 싶은가? 그러면 먼저 호의를 베풀어라.

인간은 사회적 동물이다. 어차피 상부상조하며 살게 되어 있다. 아무리 배운 게 많고 재산이 많고 똑똑하다 해도 사람들 속에 속해 있을 때 비로소 한 명의 인간으로 대접받기 마련이다.

사람들의 피부색과 외모가 다 제각각이듯 성격이나 사고방식도 다르고 각자 나름대로 특징을 지니고 있다. 그런 만큼 남들이 자신을 인정해주기 바란다면 나부터 남을 인정하고 존중해주며 그들의 개성을 받아들여야만 한다.

남아프리카의 작은 마을에 갑상선 종양의 일종으로 턱에

혹이 달린 사람들이 모여 살고 있었다. 그들에게는 혹 달린 모습이 너무나 당연하게 여겨졌고 오히려 혹 없는 사람이 이상하게 보일 정도였다.

그런데 어느 날 영국의 관광객 한 무리가 마을을 방문하게 되었다. 마을 사람들은 턱에 혹이 없는 관광객들을 보고 손가락질을 하며 소리쳤다.

"저기 저 사람들 좀 봐! 턱에 혹도 없는 별 이상한 사람들을 다 보겠군."

영국인들 입장에선 역시 너나없이 턱에 혹을 매단 사람들이 득실거리는 걸 보고 미개인이라며 고개를 흔들었을 것은 보지 않아도 훤한 일이다.

저마다 자기에게 익숙해진 상황에서 벗어난다는 것이 결코 쉬운 일은 아니다. 새로운 세상을, 몰랐던 사실을 깨닫고 받아들인다는 것 역시 수월한 일이 아니다.

사람들은 의외로 소심해서 남들이 자신을 어떻게 생각할까, 남들에게 보이는 '나'에 대해서 신경을 많이 쓰는 편이다.

어떤 사람은 지나치게 상대의 태도에 민감한 반응을 보인다. 상대가 조금만 자신에게 무신경해도 무시당하는 게 아닌가 하고 생각한다. 또 조금만 평소와 다른 태도를 보여도 심각하게 받아들인다.

"내가 뭐 실수했나? 저 친구가 나한테 뭔가 실망한 게 틀림

없어."

혼자 생각하고 결정하고 고민에 빠진다.

전 세계 인구의 10퍼센트가 정신질환에 시달리고 있다는 통계를 본 적이 있다. 지나치게 타인의 행동이나 표정에 민감한 것도 신경쇠약의 일종이다.

자신은 큰 문제라고 생각하는 고민거리가 사실은 스스로 만들어낸, 아무것도 아닌 과잉 반응이라는 것을 알아차리고 인정하는 데는 정신과 의사의 조언이 필요한 경우가 의외로 많다는 것이다.

그렇다면 왜 그렇게 사람들이 정신적으로 약해진 것일까. 아마도 사회성이 부족해서일 것이다.

성인이 된다는 것은 사회성을 올바로 키우는 것이다. '군중 속의 고독'이라는 말도 있듯이, 사회성이 없는 사람은 늘 스스로 부대끼며 정신적인 평안을 누리지 못한다. 얼마나 괴로운 일인가.

외향적인 사람은 그나마 사람들과 한데 어울리는 시간을 많이 가지면서 자기의 생각을 바꾸려고 애쓰며 털어버리려고 노력한다. 문제는 내성적인 사람이다. 스스로 안으로 기어들어가 자신의 생각이 잘못됐다고 생각하기는커녕 오히려 기정사실화하면서 괴로워한다.

인간은 감정의 동물이라 외로움에 쉽게 감염되고 곧잘 고독에 빠진다. 그러다 보면 점점 사람들에게서 멀어지고 타인을 잘 신뢰하지 않게 된다. 그러니 무슨 호감을 얻을 것이며 어떻게 인정을 받을 것인가.

내가 타인에 대해 전적인 호감과 신뢰를 나타내기 전에는 절대로 나도 타인에게 인정받지 못한다는 점을 기억하기 바란다. 사회성이 원만한 사람은 매사 원만하며 큰 굴곡 없이 성공의 길로 걸어갈 수 있다.

상대에게 호감과 신뢰를 기대하기 전에 내가 먼저 손을 내밀자. 내미는 손을 뿌리칠 만큼 자신만만하고 매몰찬 사람은 그리 많지 않다.

사람의 내면은 다 똑같다. 약하다. 인정받고 싶고 사랑받고 싶어 한다. 다만 얼마나 성숙하게 자신을 잘 다스리느냐에 따라 입장이 달라 보일 뿐이다.

* 지나치게 타인의 행동이나 표정에 민감한 것도 일종의 신경쇠약이다. 자신은 대단한 문제라고 생각하는 고민거리가 사실은 스스로 만들어낸, 아무것도 아닌 과잉 반응이라는 것을 알아차리고 인정하는 데는 정신과 의사의 조언이 필요한 경우가 의외로 많다.

빚과 씀씀이

돈 씀씀이가 헤픈 것도 일종의 병이라고 할 수 있다. 천성적으로 돈을 아낄 줄 모르는 사람들을 크게 두 가지 유형으로 나눠보면 다음과 같다.

첫 번째는 주머니에 돈이 좀 있다 싶으면 그날로 다 써버리는 유형이다.

눈에 보이는 대로 사고 싶은 것을 다 사버리든가 술독에 빠져서 술 마시는 데 다 써버리든가, 하여간에 가진 돈을 다 써버려야 직성이 풀리는 모양이다. 그러니 늘 돈이 아쉬울 수밖에.

두 번째는 그야말로 남의 돈을 자기 돈으로 착각하는 유형이다.

자기 돈을 다 쓰고 나서도 남의 지갑에 눈독을 들이고 닥치는 대로 돈을 빌리는 것이다.

첫 번째보다 두 번째 유형이 훨씬 더 심각한 경우다. 돈도

꾸다보면 버릇이 된다.

젊을 때 빚을 지면 평생 그 빚에서 헤어나지 못하는 경우가 있다. 애초부터 어떻게 해서든지 빚을 지지 않으려는 자세가 중요하다. 그러나 대부분 빚지는 것을 너무 쉽게 생각한다.

영국의 정치가 셰리든도 그중 한 사람이었다. 저축과는 거리가 멀었고 돈 빌리는 것도 아주 습관화되어 있었다. 한마디로 자기 절제를 못하는 사람이었는데 그가 국회의원에 입후보했을 때였다.

후보 연설을 하기 위해 연단에 오른 그를 향해 채권자들이 저마다 소리쳤다.

"이봐, 후보! 연설도 좋지만 내 돈부터 갚으라고! 소문난 빚쟁이가 국회의원은 무슨 당치도 않은 소리야!"

그러나 넉살 좋은 셰리든은 궁지에 몰려서도 평소와 다름없이 조금도 주눅 들지 않고 대꾸했다.

"여러분, 만일 여러분이 저를 국회의원으로 뽑아주신다면 그날로 빚을 다 갚을 수 있습니다. 빚을 받기 위해서라도 여러분이 저를 뽑아주셔야 하지 않겠습니까?"

채권자들이 할 말을 잃었을 것은 보지 않아도 훤한 광경이다.

물론 돈은 좋은 것이다. 오죽하면 셰익스피어는 "돈이 앞서 가면 모든 길이 열린다."고 비아냥거렸을까. 베이컨 역시 "돈은 좋은 하인이지만 또한 나쁜 주인이기도 하다."고 말했다.

돈 앞에서 인간은 약하기 그지없다. 그래서 디오게네스는 "돈을 좋아하는 것이 모든 악의 근원이다."라는 극언까지 서슴지 않았다.

사람은 누구나 부자가 되기를 꿈꾼다. 그러나 돈을 벌기가 쉽지 않다. 모으기는 더욱 어렵다. 그래서 부자가 되려면 구두쇠가 되어야 한다는 말까지 있지 않은가.

부귀는 구할 때 괴롭고, 지킬 때 괴로우며, 잃을 때 역시 괴롭다는 말도 있다.

현재 생활에 만족하는 것, 그것이야말로 진정한 부자이다. 만족과 부족은 모두 자기 마음속에 있다.

끝으로 프랑스의 작가이자 배우인 필리프 에리아의 말을 되새겨보자.

"돈의 가치를 제대로 인식하려면 그 돈으로 살 수 있는 비싼 물건들을 조목조목 따져볼 것이 아니라 그 돈을 벌기까지의 고통을 직접 체험해봐야 한다."

더욱 중요한 것은 그렇게 체험한 고통을 끝까지 잊지 않고 근검절약하는 습관을 들이는 것이 아닐는지.

＊돈은 좋은 하인이지만 또한 나쁜 주인이기도 하다. 돈 때문에 인간은 아주 강해지기도 하고 한없이 약해지기도 하는 것이다. 그러므로 부귀는 구할 때 괴롭고, 지킬 때 괴로우며, 잃을 때 역시 괴롭다는 말이 있다.

언행일치의 소중함

　세상에는 교묘한 궤변으로 사람의 마음을 어지럽히는 사람들도 있다. 사람들이 궤변에 속아 넘어가는 것을 보고 쾌감과 자부심을 느끼는 사람들이다. 또 자신의 진심을 숨긴 채 교활함으로 무장한 위선자들, 기회주의자들, 상황에 따라 적절한 거짓말을 잘도 둘러대는 모사꾼들도 우리 주변에서 흔히 볼 수 있다.

　거짓이나 위선은 타인은 물론이고 자신도 속이는 일이다. 서글픈 일이다. 자신에 대한 불성실은 거짓이나 위선 외에도 많다. 너무 과장되거나 왜곡되게 말을 하거나, 지나치게 소극적인 생활태도, 자기 잘못을 얼버무리기 위해 남의 의견에 소신 없이 동조하는 것, 그리고 애초부터 지킬 마음도 자신도 없으면서 말로만 하는 약속도 모두가 다 불성실의 대표적인 예다.

이 밖에도 허세를 부리거나 실제로 자신이 한 일이 아닌데 제 공으로 돌리는 것도 허황되기는 마찬가지다.

그런 유형의 사람들은 타인을 속이면서 의기양양해하지만, 사실은 공허하기 짝이 없다. 성실함이라곤 눈 씻고 찾아봐도 없으니 남들에게 신뢰를 얻지 못할 것은 뻔하고, 사기꾼 취급은 아니더라도 '세상에 믿지 못할 사람', '허풍쟁이' 라는 오명을 쓴 채 인생에서 낙오된다.

19세기 영국의 시인이자 교육자인 매튜 아널드는 '정직'을 인간이 지녀야 할 가장 소중한 미덕으로 쳤다. 정직함이야말로 '투명하게 비치는 그 사람의 정신'이라며, 거짓말하다 들통나면 도덕적으로 큰 죄를 지은 것으로 간주했다.

특히 학생들을 가르치면서 정직을 최상의 미덕이라고 강조했고 거짓말을 한 사람은 호되게 꾸짖었다.

에든버러 대학교의 교수였던 조지 윌슨도 생애 전반에 걸쳐 정직과 의무 수행, 근면한 삶을 몸소 실천해 존경을 받은 인물이었다. 그의 인생은 용기와 근면의 전형이라고 할 수 있다.

몸이 허약하고 어려서부터 잔병치레가 잦았던 윌슨은 성격만은 밝고 활달해 어른들에게 많은 귀여움을 받았다. 그러나 워낙 몸이 부실하다 보니 열일곱 살의 나이에 벌써 불면증과 우울증에 시달리게 되었다.

"왠지 나는 오래 살 것 같지 않다. 체력에 기대느니 정신력으로 버텨나가는 수밖에 없다!"

그 시절의 고백대로 그는 육체적인 건강은 실패했지만 극심한 정신노동인 학문에 온갖 열정을 다 바쳤다.

그의 병력을 일일이 밝히자면 끝이 없다. 무릎 관절에 농양이 생겨 오른쪽 다리를 절단하였고 류머티즘과 안구 염증으로 앉아 있을 수도 없으며 눈을 뜨는 것조차 괴로울 정도였다. 그런데 그런 상황에서도 그는 집필과 연구, 강의 준비에 여념이 없었다. 글을 쓸 수 없을 정도로 통증이 심하면 여동생에게 구술해서 강의 노트를 준비하였고, 모르핀 주사 없이는 하루도 그냥 잠들지 못했다.

전신이 만신창이가 되어 고통과 싸우는데 그것도 부족했는지 이번에는 폐병 초기 증상이 나타나기 시작했다. 그래도 그는 강의에 소홀한 적이 없었다.

주 1회 나가는 에든버러 대학교 강의를 한 번도 결강한 적이 없었으니 말이다. 폐병 환자에겐 특히나 많은 사람들이 모이는 장소에 가는 것이 치명적인데도 불구하고 그는 학생들 앞에 서서 강의했다. 그는 늘 자신을 괴롭히는 많은 병을 '자기 가슴속에 숨겨진 친구'라고 말했다.

스물일곱 살이 되던 해, 그는 죽음의 그림자가 드리워졌음을 스스로 깨닫고 있으면서도 강의와 집필을 멈추지 않았다. 건강한 사람도 지치기 마련인 주 열 시간씩의 강의를 소화해

냈다.

그리고 어느 날 가장 가까운 친구에게 짤막한 편지를 띄웠다.

"어느 날 아침, 갑자기 나의 부고를 듣더라도 결코 놀라지 말게!"

말은 그렇게 하면서도 그는 우울해하거나 감상에 빠져들어 시간을 헛되이 소비하지 않았다. 오히려 그를 걱정하는 가족이나 친구, 동료들을 위로하려 했다.

"내겐 아직 힘이 많이 남아 있다네. 내 기력이 다할 때까지 내게 주어진 일을 열심히 하면서 살고 싶네."

이렇듯 그는 특유의 밝고 명랑한 표정으로 항상 희망을 이야기했다. 또한 결코 괴로워하거나 초조해하지 않았으며 격정에 휩싸이지 않았다. 반대로 고통 속에서도 희망을 품고 불굴의 정신력으로 사력을 다했다.

다만 자신의 인생이 막바지에 이르렀다고 생각되자 가족들이 걱정되었다. 자신이 죽을 것이라는 사실을 누구보다 먼저 깨닫고 있었기 때문에 자신이 죽으면 가족들이 받을 충격이 우려되었던 것이다.

"난 괜찮아. 아직은 시간이 많이 남아 있다구요. 하루하루를 열심히 최선을 다해 살고 싶어서 그러니까 이해해줘요."

자신의 상태를 가족들이 눈치채지 못한 채로 마지막 순간을 맞이하고 싶었다.

그런 와중에 스코틀랜드 산업박물관장이라는 요직에 임명
되었다. 그는 기꺼이 받아들였고 임명된 후에는 이 일에 전력
을 다했다. 정신적으로 육체적으로 피로가 겹쳐서 발작을 일
으키고 사경을 헤매는 일이 몇 차례나 거듭되었지만 그는 흔
들리지 않았다.

"이 친구야, 이제 일은 그만하고 제발 쉬게나. 몸을 돌봐야 하
지 않겠어?"

가족과 친구들의 만류도 듣지 않았다. '마지막까지 일하다
가 죽는다'는 것이 그의 신조였다.

각혈을 하고 불면증과 통증으로 쇠약해질 대로 쇠약해진
상태에서도 그는 강의를 멈추지 않았으며 『에드워드 홉스의
일생』을 저술하였다.

"의무는 세상에서 가장 중요한 말이다. 인간의 삶에서 의무
를 빼면 무엇이 소중하겠는가. 나는 내가 어떤 상황에 놓이든
지 이 단어가 가장 먼저 머리에 떠오른다."

그해 가을 어느 날, 평상시처럼 에든버러 대학교에서 강의
를 마친 그는 갑자기 옆구리에 심한 통증을 느껴 급히 집으로
돌아갔다. 그리고 며칠 후 그는 영원히 잠들었다.

더 이상 의무에 시달리지 않아도 되는 영면에 들어서야 그
는 안식할 수 있었던 것이다. 그의 소망대로 일하다가 죽은
것이다. 바늘 끝만 한 힘이 남아 있는 순간까지 게으름 부리

지 않고 자신에게 맡겨진 의무를 완수하려고 노력했던 윌슨의 생애는 성실한 삶의 표본이라 할 수 있다.

* 너무 과장되거나 왜곡되게 말을 하거나, 지나치게 소극적인 생활태도, 자기 잘못을 얼버무리기 위해 남의 의견에 소신 없이 동조하는 것, 그리고 애초부터 지킬 마음도 없으면서 말로만 하는 약속도 불성실의 대표적인 예다.

자기 수양이
예술의 성패를 결정짓는다

　다른 모든 분야에 있어서도 마찬가지겠지만, 예술작품은
끈질긴 열정과 노력의 산물이라고 할 수 있다.

　"어떤 사람들은 예술작품을 논할 때 천부적 재능 운운하지
만, 내 생각은 그들과 다르다. 엄밀히 말하자면 작가의 치열
한 노력만이 예술작품의 우열을 가름하는 것 아니겠는가."

　영국의 화가 조슈아 레이놀즈는 예술에 대해 자신의 견해
를 밝히며 한 친구에게 이렇게 말했다.

　"회화든 조각이든, 뛰어난 작품을 만들고 싶다면 아침에 일
어나 밤에 잠자리에 들 때까지 오직 한 가지 일에만 정신을
집중해야 한다."

　그는 적어도 예술가로서 남보다 뛰어나고 싶다면 모든 일
을 제쳐두고 그 일에 전념해야 하며, 그렇기 때문에 예술가는
창작의 희열보다도 현실의 고통에 먼저 익숙해져야 한다고

덧붙였다.

물론 선천적인 재능이 없는 사람은 아무리 노력해도 뛰어난 예술가가 되기는 힘들 것이다. 경우에 따라서는 타고난 재능이 예술의 성패를 결정지을 수도 있다. 그렇다고 해도 결국 그 재능을 완성시키는 것은 자기수양에 있는 것이다.

위대한 예술가들 중에는 비록 학교교육은 받지 못했지만 철저한 자기수양으로 재능을 인정받은 경우가 적지 않다. 그 중에는 빵집 종업원 출신도 있었고 염색공, 머슴, 석수장이, 집시, 심지어는 산적과 한패였던 살바토르 로자 같은 화가도 있었다. 그들 모두가 가난과 빈곤이라는 열악한 환경을 극복하고 독학으로 명성을 떨친 자기수양의 승리자들이었다.

예술에는 당연히 이 같은 창작의 고통이 따르기 마련이지만 돈과 명성이라는 보람도 얻을 수 있다. 물론 돈과 명성 그 자체가 예술의 목적이 될 수는 없다.

단순히 돈이나 탐내는 사람은 결코 훌륭한 예술가가 될 수 없다. 많은 예술가들이 젊었을 때부터 온갖 고생을 무릅쓰고 창작에 몰두하는 것은 결국 자기만족을 위한 것이다. 그들에게는 일하는 즐거움이 곧 최고의 보상이며, 돈이나 명성은 다만 부수적으로 얻어진 것일 따름이다.

지조 있는 예술가들은 자신의 작품을 매개로 부를 다투는 법이 없다. 오로지 천성대로 살아갈 뿐이다.

어떤 화가가 돈 벌고 싶은 욕심 때문에 그림을 그린다는 이
야기를 듣고, 미켈란젤로가 이렇게 말했다고 한다.

"돈 때문에 안달하는 이상, 그 친구 예술가가 되기는 글렀
군! 그러니 계속 가난할 수밖에!"

＊적어도 예술가로서 남보다 뛰어나고 싶다면 모든 일을 제쳐두고 그 일에 전념해야
한다. 그러므로 예술가는 창작의 희열보다도 현실의 고통에 먼저 익숙해져야 하는 것
이다.

활력은 인간을
살아 움직이게 한다

"나는 신도 악마도 믿지 않는다. 오직 나의 육체와 정신력을 믿을 뿐이다."

이 말은 노르웨이에 전해 내려오는 명언이다. 또한 곡괭이가 그려져 있는 고대 스칸디나비아인의 문장(文章)에는 "우리들은 길을 찾는다. 길이 없으면 길을 만든다."라는 글이 새겨져 있다. 전자와 후자 모두가 남에게 의지하지 않고 스스로 역경을 헤쳐나간다는 뜻을 담고 있는 말이다.

대개 한 나라에 전해져 내려오는 속담이나 격언 등을 살펴보면 그 나라 국민들의 민족성을 짐작할 수 있다. 사람의 경우에는 그가 자주 쓰는 언어나 행동 습관을 통해 성격을 파악할 수 있는 것과 마찬가지다.

일례로 어떤 유명한 프랑스 사람이 시골에 땅을 사서 이사를 가려고 하자, 그 소식을 들은 한 친구가 이런 말을 했다고 한다.

"그곳에 땅을 산다는 것은 아무래도 생각해봐야 할 것 같은데? 그 지방 사람이라면 나도 잘 알고 있다네. 내가 일하는 파리의 수의학교(獸醫學校)에 그 지방 출신 학생들이 있는데 그친구들, 하나같이 쓸모가 없단 말일세. 다시 말해서 도대체 뭘 해보겠다는 의지가 없어. 그런 인간들이 살고 있는 고장에 투자를 한다는 것은 생각해볼 문제가 아닐까?"

그의 말에는, 국력을 신장시키고 농토를 기름지게 하는 것은 그 땅에 살고 있는 개개인의 활력에 달려 있다는 진리가 내포되어 있다. 물론 이와 같은 판단은 사물에 대해서 깊이 통찰할 수 있는 인간만이 할 수 있을 것이다.

프랑스의 격언에도 "토지의 수익은 경작자의 활력에 달려 있다."라는 말이 있다. 활력이란 무엇인가. 그것은 사람을 살아 숨 쉬게 하는 힘이다. 활력은 단조롭고 고된 일상이나 무미건조한 시간에 매몰당하지 않고 나날이 발전을 계속할 수 있는 원동력이다.

활력은 모든 활동에 힘을 주고, 모든 노력에 정신력을 부여한다. 활력이 충만한 인간은 어떤 경우에도 절망하지 않고 스스로를 함부로 비하하는 위험을 자초하지 않는다.

이렇게 볼 때 활력이란 인간의 의지를 형성하는 힘이며, 궁극적으로는 인간 자신의 모습이라고 할 수 있는 것이다. 인간은 활력에 의해서 살아 움직이는 것이고, 비로소 참다운 희망이 싹트게 되는 것이다.

베드로 수도원에 가면 깨진 투구 하나가 있는데 거기에 '희망은 나의 힘이다'라는 글이 새겨져 있다. 실로 인생의 참다운 의미를 일깨워주는 금쪽같은 명언이다.

확실히 의지가 강한 인간만큼 축복받은 자는 없다. 비록 자신의 노력이 수포로 돌아갔다고 해도 그는 최선을 다했다는 자부심으로 자신을 위로할 것이다. 그리고 또다시 새로운 도전의 세계로 나아가는 것이다. 도저히 감당하기 어려운 곤경에 직면해서도 끝까지 맞서 싸워서 이긴 사람이나 발바닥에 피가 흐르고 사지(四肢)가 말을 듣지 않더라도 용기라는 이름의 지팡이를 짚고 앞으로 나아가는 사람들은 그 존재만으로도 타인을 감동시킨다. 그 눈물겹도록 아름다운 생의 의지가 보는 사람으로 하여금 저절로 삶의 용기를 갖게 하는 것이다.

＊ 활력은 모든 활동에 힘을 주고, 모든 노력에 정신력을 부여한다. 활력이 충만한 인간은 어떠한 경우에도 절망하지 않고 스스로를 함부로 비하하는 위험을 자초하지 않는다.

의지만이
인간을 지배할 수 있다

어느 날 한 목수가 도지사의 의자를 수리하게 되었다. 그런데 그 목수의 일하는 태도가 지나치게 꼼꼼하고 세밀해서 옆에서 구경하던 사람이 그 까닭을 물어보았다. 그랬더니 그 목수는 이렇게 대답했다.

"솔직히 말하자면, 언젠가 내가 이 의자에 앉게 될 날을 생각해서 조금이라도 편안하게 만들어놓으려는 것입니다."

참으로 신기한 일은, 후일 그 목수가 도지사 자리에 올라 바로 그 의자에 앉았다는 것이다.

논리학자들 사이에서 인간의 자유의지에 대해서 이론이 분분하지만, 어쨌거나 선악의 선택은 그 사람의 의지에 달려 있는 것만은 확실하다. 즉 인간이란 한낱 물 위에 떠가는 지푸라기처럼 나약한 존재가 아니라 파도를 거슬러 올라가 자신이 목적하는 곳에 도달할 수 있는 생명 그 자체인 것이다.

실제로 인간의 자발적인 의지에 절대적인 구속을 가할 수 있는 것은 이 세상에 존재하지 않는다. 더구나 우리들 자신의 행동이 마법의 주문 따위에 휘둘리는 게 아니라는 것도 분명한 사실이다. 선행도 우리들 자신의 의지에 따른 것이고, 심지어 악행조차도 그것을 저지르려는 의지가 없다면 행동으로까지 발전되지는 않을 것이다.

직장생활이나 사회생활, 가정생활, 조직생활, 이 모든 것도 우리들 자신의 자유의지로 선택하는 것이다. 그뿐만 아니라 우리들 자신의 모든 행동은 '인간의 의지는 자유롭다'는 확신을 전제로 선택하는 것이다. 만일 이런 확신이 부정된다면 법이나 제도가 무슨 소용이며 도덕이나 규범 또한 무슨 의미가 있겠는가?

의지만이 인간을 완전히 소유할 수 있는 유일한 지배자인 것이다. 그 의지를 올바른 방향으로 향하게 할 것인가, 아니면 그릇된 방향으로 향하게 할 것인가는 우리들 한 사람 한 사람에게 부여된 양심의 과제이다. 습관이나 유혹이 인간을 지배하는 것이 아니라, 인간이 습관이나 유혹을 지배하는 것이다.

프랑스의 종교철학자 라므네는 한 방탕한 젊은이에게 이렇게 말했다.

"자네는 지금 자신의 삶을 스스로 결정해야 할 중대한 시기에 와 있네. 만일 이 기회를 놓치게 되면 자네 손으로 파놓은 무덤 속에서 관 뚜껑 위에 얹힌 무거운 돌덩이를 밀어내지도 못하고 신음하게 될 걸세. 사람이 의지로 살아가는 습관은 습관 중에서도 가장 손쉬운 습관이야. 그러니 뿌리 없는 부평초 같은 생활은 이제 청산하고 한번 열심히 살아야겠다는 의지를 가져보게."

자선사업가 벅스턴도 자신의 결의를 지켜나갈 의지만 확고하다면 무슨 일을 하든 성공할 것이라는 믿음을 가지고 있었다. 그의 이런 생각은 아들에게 보낸 편지에도 잘 나타나 있다.

"너도 이젠 오른쪽으로 갈 것인가, 왼쪽으로 갈 것인가를 판단할 수 있는 나이가 되었구나. 그러므로 이제는 인생을 어떻게 살아야 할 것인지 마음을 굳게 먹고, 그 강한 의지를 증명해 보여야 한다. 만일 그렇게 하지 못한다면 너는 게으름에 사로잡혀 되는대로 살아가는 무능한 악습에 젖어버리고 말 것이다. 그리고 일단 그런 생활에 빠져들면 거기에서 벗어나기란 대단히 어렵단다. 젊었을 땐 대부분 멋대로 하고 싶어 한다. 이 아버지도 그랬다……. 그렇지만 나는 네 나이 때 과감하게 생활태도를 바꿀 수 있었다. 현재의 내가 이렇게 만족스러운 생활을 누리게 된 것은 바로 그때의 변화 때문이었다고 해도 좋다. 아무쪼록 너도 부지런히 노력하고 의지를 굳건히 해서 삶의 지향점을 찾기 바란다. 지금 당장 결의를 가지

고 첫발을 내딛게 되면 언젠가는 오늘의 현명한 선택을 두고 평생토록 감사하게 될 것이다."

인간의 의지란 간혹 방향은 생각지 않고 맹목적으로 돌진하려는 성향이 있다. 그러나 올바른 목표와 동기를 찾는 것은 무척 중요한 일이다. 합리적인 삶의 방향을 향해 의지의 노를 저어가야만 하는 것이다. 육체적인 쾌락을 추구하는 의지는 순식간에 악마의 본성을 드러내, 결국 자신을 수치스러운 관능의 노예로 전락시켜버릴 뿐이다.

반대로 선한 의지는 지혜로운 왕처럼 인간을 복되고 행복한 길로 이끌어준다.

* 의지만이 인간을 완전히 소유할 수 있는 유일한 지배자이다. 그 의지를 올바른 방향으로 향하게 할 것인가, 아니면 그릇된 방향으로 향하게 할 것인가는 우리들 한 사람 한 사람에게 부여된 양심의 과제이다.

사람의 마음은
마음으로써만 움직일 수 있다

　무력(武力)만이 세상을 지배하는 수단은 아니다. 이를테면 기독교의 선교사들은 교리를 전파함으로써 세계 각지에 사는 사람들의 영혼을 정복하는 사람들이다. 총성으로 시작되는 전쟁이 영토를 다투는 것이라면, 선교사들이 이국땅으로 『성경』을 갖고 들어가는 것은 영혼을 다투는 전쟁이라고 할 수 있다.

　타 종교에 대한 편견과 냉대 또는 멸시와 압박 속에서 때로는 생존에 위협을 받기도 하지만 그들은 오로지 신앙심 하나만으로 무장한 채 홀연히 낯선 땅으로 진군해 들어가는 것이다.

　기독교인들은 그들을 가리켜 순교자 또는 영웅이라고 부른다.

　프란시스코 사비에르도 그중 한 사람이었다. 사비에르는 스페인의 명문가에서 태어났다. 신분이 보장된 이상 명예와 권세를 즐기며 충분히 편하게 살 수 있는 환경이었다.

그러나 그는 그의 삶 전체를 걸고 신분, 지위, 부귀보다도 더욱 값진 것이 있다는 것을 증명하였다. 사비에르는 평생 행동이나 마음가짐에 있어서 신사다운 태도로 일관하였다. 그는 명랑하고 다정다감한 기질에 모든 사람들의 호감을 사는 성격이었으며 말재주가 뛰어나고, 인내와 의욕에 넘친 정력적인 인간이었다.

스물두 살의 나이로 파리 대학교 철학교수로 임명된 사비에르는 그곳에서 로욜라와 친분을 맺고, 곧 의기투합하여 새로운 종교조직인 예수회를 창설하였다. 그리고 얼마 후 사비에르는 예수회 회원을 이끌고 로마로 순례의 길을 떠났다.

그 당시 포르투갈 국왕 후안 3세는 자국의 지배권 내에 있는 인도 지역에 기독교를 전파할 계획을 세워둔 참이었다. 처음에는 그 중책을 담당할 선교사로서 보바딜러라는 인물이 선발되었으나 인도로 출발하기도 전에 병에 걸리고 말았다. 결국 재차 적임자를 물색한 결과 사비에르가 선택되었다.

사비에르는 허름한 선교복에 성경책 하나만 달랑 들고 곧바로 리스본을 향해 떠났다. 그곳에서 다시 배를 타고 인도로 향했다.

그 배에는 현지로 파견되는 1000명의 수비병과 총독이 함께 타고 있었다. 사비에르에게는 특별이 전용 선실이 배정되었는데도 불구하고 그는 항해 기간 내내 갑판 위에서 생활하였다. 그 또한 선원들처럼 밧줄뭉치를 베개 삼아 잠을 잤으며, 식사도 그들과 함께 하였다.

종종 선원들의 일을 돕기도 했으며, 지루한 시간에는 간단한 놀이를 고안해내서 선원들과 어울리기도 했다. 환자가 생기면 간호를 자청하고 나서는 사람도 으레 사비에르였다. 이렇듯 다정다감한 성격으로 순식간에 선원들의 마음을 사로잡았던 것이다.

인도의 고아에 도착한 사비에르는 그곳 사람들이 이민이건 현지인이건 도덕적으로 타락한 삶을 살고 있는 것을 발견하고 크게 충격을 받았다. 이민자들은 문명의 빛이 미치지 못한 이 지역에 수많은 악덕을 몰고 왔고 현지인들은 그것을 흉내 내는 딱한 상황이었다. 참다못한 그는 방울을 울리며 거리에 나가 어린이들을 보내 공부시킬 것을 호소하였다. 얼마 후 많은 어린이들이 그에게 모여들었다. 그는 그 아이들에게 열성적으로 복음을 전파하였다.

한편으로는 병든 사람들이나 여러 가지 문제로 번민하고 있는 사람들을 찾아가서 그들의 괴로움과 슬픔을 위로해주었다. 사비에르는 고통받는 사람들이 있는 곳이면 때와 장소를 가리지 않고 그들에게 달려가곤 했다.

늘 방울을 딸랑거리면서 해변을 걷거나 마을 곳곳에 있는 사원(寺院)이나 시장을 찾아다녔던 사비에르. 그리하여 사람들이 모여들면 간절한 음성으로 진리를 외쳤던 사비에르.

『성경』을 읽지 못하는 현지인들을 위해 교리문답집이나 사도신경, 모세의 십계명, 주기도문 등을 직접 그 지방의 말로 번역해서 나눠주기도 했다.

그는 먼저『성경』의 모든 내용을 암기하고, 다음에 어린이들이 암송할 수 있도록 되풀이해 들려주었다.『성경』의 내용은 아이들의 입을 통해 그 부모나 주변 사람들에게 전파되었다.

고모린 지역에서는 얼마 후 30명의 전도사가 임명되었고, 그들은 사비에르의 지도로 곳곳에 교회를 세웠다. 대부분 오막살이 지붕 위에 십자가를 세워놓았을 뿐 교회라고 할 수도 없는 규모였고 시설도 형편없었다. 그러나 이렇게 초라한 포교활동은 전혀 예측하지 못했던 대성공을 거두었다. 사비에르의 모범적인 생활태도와 행동에서 우러나오는 설교에 감화되어 그가 가는 곳마다 개종자들이 줄을 이었다.

그를 만나 이야기를 듣는 사람들은 그 순수하고 열의에 찬 신앙인의 모습에 감동할 수밖에 없었고, 마치 자석에 끌리듯 그의 설교에 사로잡히는 것이다.

무르익은 열매는 많으나 그것을 수확하는 사람은 적다(가르침을 받는 사람은 많으나, 가르침을 행하는 사람은 너무도 적다)는 사실을 통감하면서, 사비에르는 다음의 목적지인 말라카(지금의 믈라카)와 일본을 향해 뱃머리를 돌렸다.

이번에 그를 기다리고 있는 사람들은 전혀 다른 말을 사용하는 새로운 종족이었다. 그가 할 수 있는 일이라곤 고작 병자를 간호하거나, 눈물을 흘리며 기도하거나, 죽어가는 사람에게 세례를 베푸는 정도였다.

그러나 이 용감한 진리의 병사는 희망의 등불을 높이 쳐들고 아무런 두려움 없이 신념과 활력을 지니고 오직 앞으로 나아갈 뿐이었다. 사비에르가 남긴 말 가운데 이런 말이 있다.

"죽음의 고통이 나를 기다린다고 해도, 한 사람의 영혼이라도 구원할 수 있다면 설사 1만 번이라도 그 속에 뛰어들 각오가 되어 있다."

＊ 교묘하게 겉치레만 하는 것은, 보잘것없으나 정성이 깃든 것만 못하다. 속임수나 위선은 언젠가는 반드시 드러나기 마련이다. 사람의 마음을 감동시키는 것은 오직 진실뿐이다.

위인과 평범한 사람의
차이는 어디에 있는가

영국의 노예제 폐지운동은 수많은 사람들의 헌신적인 노력이 아니었다면 결코 성공할 수 없었을 것이다. 그중에서도 가장 정력적인 활동을 펼친 인물로는 하원의원인 파월 벅스턴을 들 수 있다.

어린 시절 벅스턴은 둔하고 모자란 듯한 아이였다. 게다가 유별나게 고집이 세고 간혹 난폭한 행동을 하기도 했다. 그는 일찍이 아버지를 여의고 홀어머니 손에서 자랐다. 비록 여자의 몸이었지만 벅스턴의 어머니는 대장부 못지않은 아량을 갖고 있었다.

그녀는 아들의 의지력을 키워주는 것을 가장 중요하게 여겼다. 그러므로 매사를 아들 스스로 판단하도록 가르쳤다.

간혹 자식의 강한 기질을 두고 남들이 이러쿵저러쿵하는 말을 들어도 그녀는 태연하게 받아넘겼다.

"걱정할 것 없어요. 저 애가 지금은 성격이 강하지만 두고 보세요. 틀림없이 훌륭한 사람이 될 거예요."

때로는 아들이 어머니의 장담을 무색하게 만드는 경우도 있었다.

주위 사람들은 좀처럼 공부도 하지 않고 빈둥거리는 벅스턴을 열등생에다 게으름뱅이로 간주해버렸다. 방과 후에도 그는 숙제 같은 건 친구들에게 맡겨버리고, 자신은 여기저기 쫓아다니면서 장난만을 일삼는 골목대장이었다.

열다섯 살 되던 해부터는 상급학교 진학을 포기하고 집에서만 지냈다. 사람들은 그를 가리켜 '덩치만 크고 놀기 좋아하는 버릇없는 아이'라고 빈정거렸다.

그는 하루의 태반을 수렵장지기와 함께 지냈다. 수렵장지기는 비록 글을 쓰지 못했으나 본성은 착한 사내였다. 더구나 인생살이나 자연에 대해서는 날카로운 통찰력을 갖추고 있어서 벅스턴은 그로부터 적잖은 영향을 받았다.

벅스턴은 당시 사춘기라는 인생의 중대한 시기에 접어들고 있었다. 이처럼 중대한 시기에 그가 거니 가문과 친교를 맺게 된 것은 커다란 행운이었다. 거니 일가는 사회적으로도 인정받을 만큼 교양 있고 덕망 있는 명문가였다.

훗날 벅스턴은 거니 가문과의 친교가 자신의 생애를 윤택하게 해주었다고 털어놓았다.

거니 일가는 그에게 교양과 지식을 쌓도록 조언을 아끼지 않았다. 덕택에 그는 더블린 대학교에 입학하여 우수한 성적으로 졸업할 수 있었다.

"내가 훌륭한 성적으로 졸업하게 된 것은 한마디로 말해서 거니 일가의 여러분들이 격려해주고 응원해준 덕택입니다. 만약 기회가 있다면 내가 모아둔 상장을 그들에게 보여주고 싶습니다."

대학 졸업식장에서 이런 말을 할 정도로 벅스턴의 거니 일가에 대한 고마움은 각별한 것이었다.

대학 졸업 후 그는 거니 가문의 여성과 결혼식을 올리고 런던으로 건너가 숙부가 경영하고 있는 맥주회사에서 일하게 되었다. 새로운 인생살이의 첫발을 내딛게 된 것이다.

어릴 때의 고집스런 성정은 어느덧 강한 의지력으로 다듬어져, 어떠한 일도 정력적으로 처리해나갈 수 있게 되었다. 그는 무슨 일이든 전력을 다했다. 2미터 가까운 큰 키에 덩치도 우람한 그를 회사 사람들은 '코끼리 벅스턴'이란 애칭으로 불렀다.

그 별명에 어울리게 벅스턴은 활력과 실천력에 있어서는 그 어떤 사람에게도 뒤지지 않았다.

맥주회사의 공동경영자로 참여한 그는 순식간에 매니저로서 뛰어난 수완을 발휘했다. 아무리 까다로운 거래도 세부사

항에 이르기까지 용의주도하게 준비한 끝에 반드시 성사시켰다. 그렇듯 탁월한 수완은 회사 경영을 단박에 최고 수준으로 끌어올렸다.

벅스턴의 딸 프리실라가 결혼한 날은 영국 노예해방의 날이기도 했다. 이날 남편과 함께 집을 나서는 딸을 배웅한 뒤에 벅스턴은 친구 앞으로 다음과 같은 편지를 썼다.

"딸은 지금 새로운 보금자리를 향해 떠나고 있는 중이다. 만사는 순조롭게 진행되었다. 지금 영국의 식민지에는 단 한 사람의 노예도 없다."

벅스턴은 결코 천재가 아니었다. 슬기롭고 지혜로운 지도자도 아니며 발명가도 아니었다. 그는 오직 정직하고 활력이 넘쳐흐르는 남자 중의 남자였다.

그가 젊은이들에게 남겨준 다음의 이야기는 그의 모든 인격을 보여주는 단적인 예로, 오늘을 살아가는 사람들에게도 하나의 교훈이 될 수 있을 것이다.

"살면 살수록 나는 이 한 가지만큼은 확신을 갖고 말할 수 있다. 강자와 약자의 차이, 위인과 쓸모없는 인간의 차이는 그가 왕성한 활력과 불굴의 결의를 가졌느냐, 아니냐에 달려 있다. 일단 목표가 정해지면 그다음은 승리냐 죽음이냐의 갈림길이 될 수밖에 없다. 왕성한 활력과 불굴의 결의만 있다면 이 세상에 불가능한 일은 하나도 없다. 만일 그런 것을 갖추

지 못했다면 훌륭한 재능이나 좋은 기회도 결국은 무용지물
이 되는 것이다."

＊나라를 흥하게 만든 왕에게는 반드시 그가 존경해 마지않는 스승이 있었다. 마찬
가지로 훌륭한 업적을 이룬 인물 뒤에는 반드시 좋은 영향을 끼친 주변 사람들이 있기
마련이다.

자신이 걸어가야 할 길은
스스로 개척하라

성공하기 위해서는 무엇보다도 상식을 터득해야 한다. 지식을 터득할 때와 마찬가지로 상식을 터득하기 위해서는 근면하고 성실한 노력이 뒷받침되어야 한다.

당대 최고의 사상가로 이름을 날렸던 존 스튜어트 밀은 동인도회사 심사부에서 일한 적이 있었다. 그는 이 회사에 근무하면서 동료 직원들의 존경을 한 몸에 받았는데, 사상가로서가 아니라 직업인으로서 본받을 점이 많았기 때문이다.

옛 그리스의 격언에도 이런 말이 있다.

"어떠한 직업이든 유능한 인간이 되는 데는 다음의 세 가지 요소를 빼놓을 수가 없다. 즉 천성과 학습 그리고 실천이다."

비즈니스에서는 무엇보다도 판단력이 우선되어야 하며, 그리고 열심히 실천하는 것이 성공의 비결이다. 경우에 따라서는 노력한 것도 없이 행운이 따를 수도 있겠지만, 그런 요행

은 마치 노름판에서 일확천금을 거머쥐는 것처럼 끊임없이
사람을 현혹시켜 파멸에 빠지게 하는 결과를 초래한다.

베이컨은 비즈니스를 길에 비유하면서 이렇게 말했다.

"가장 빠른 지름길은, 대개의 경우 가장 나쁜 길이다. 그러
므로 순탄한 길을 찾아가려면 다소나마 돌아가지 않으면 안
된다."

우회해서 가는 길은 확실히 짜증스럽고 시간도 많이 걸릴
것이다. 그러나 고생 끝에 큰 성과를 거두게 되면, 그때야말
로 진정한 기쁨을 맛볼 수 있게 된다.

아무리 평범하고 보잘것없는 일이라도 기꺼이 수행하라.
그리하면 앞으로의 삶은 그만큼 값지고 보람될 것이다.

행복은 남의 조력이나 후원에 의하여 얻어지는 것이 아니
다. 오로지 자기 자신의 노력에 의해서만 쟁취되는 것이다.

시인 존 무어가 존 러셀을 내세워 멜번에게 자기 아들의 후
원을 요청했을 때 이야기이다. 멜번은 그 제의를 거절하며 러
셀에게 이런 답장을 보냈다.

"친애하는 존에게, 무어 씨로부터 보내온 편지를 돌려보냅
니다. 사람을 도울 만한 재력이 나한테도 있으므로 당신의 부
탁을 들어주는 것은 힘든 일은 아닐 것입니다. 그러나 이왕
경제적 후원자로 나선다면 차라리 무어 씨를 돕는 것이 합리
적이라고 생각합니다. 아직 젊은 그의 아들에게 그런 도움을

제공한다는 것은 아무리 생각해도 올바른 방법이 아니라고 생각합니다. 오히려 사소한 원조가 그 젊은이에게 그릇된 사고를 갖게 할지도 모릅니다. 한창 일할 나이의 젊은이에게 선불리 도움을 주었다간 오히려 의타심만 키워줄 뿐입니다. 그렇게 되면 대부분 노력을 하지 않는 경우가 많습니다. 그러므로 원조를 요청해오는 젊은이가 있다면 당신은 이렇게 조언하는 것이 가장 지혜로운 방법일 것입니다. '자신이 걸어가야 할 길은 스스로의 노력으로 개척하라! 굶든 말든, 그 모든 결과는 자기 자신의 노력에 달려 있다'고……. 이런 말을 하는 내 뜻을 이해해주기 바랍니다."

★ 가장 빠른 지름길은, 대개의 경우 가장 나쁜 길이다. 그러므로 순탄한 길을 찾아가려면 다소나마 돌아가지 않으면 안 된다. 진정한 기쁨은 고생 끝에 큰 성과를 얻었을 때만이 맛볼 수 있는 것이다.

누구나 행복을 추구할
권리와 의무가 있다

철학자인 새뮤얼 드루는 구두닦이에서 일약 사회적 명사로 신분상승을 이룬 인물이다. 그는 평소 절약과 검소한 생활태도를 강조하며 이런 말을 남겼다.

"사리 분별이 있고 근검절약하며 행동이 올바른 사람은 세상살이의 도리에 널리 통한 사람이다. 그들은 삶에 통달한 도인들처럼 평소에는 집 안에 틀어박혀 조용히 살다가도 어려운 상황에 부닥치면 그 난관을 보기 좋게 타개해나간다."

그는 또한 절약과 검약과 훌륭한 관리는 병든 세태를 치유하는 최고의 예술이라 평하며, 그 세 가지는 의회에서 통과된 개혁법안보다 더 효과적으로 사회악을 없앨 수 있을 것이라 주장했다.

영국의 정치가 코브던은 어느 날 한 사람의 노동자를 자기 앞에 불러다 놓고 다음과 같은 이야기를 들려주었다.

"예로부터 세상에는 두 가지 형태의 사람이 있다. 돈을 저축하는 사람과 돈을 쓰는 사람, 그러니까 근검절약하는 사람과 낭비하는 사람이다. 근검절약하는 사람은 건물을 짓거나 공장에서 제품을 만들거나, 교량을 건설하거나, 위대한 사업을 성취시켜 인류를 행복하게 하는 데 조금이나마 기여해왔다.

그러나 자기 것이라고 해서 재산을 함부로 낭비해온 인간들은 결국 자멸의 길을 걷게 될 뿐이다. 그런 인간들은 검약을 삶의 지혜로 삼아온 이들 밑에서 한평생 노예 생활을 면치 못한다. 이것은 어느 시대이건 진리이며 신의 섭리이다. 만일 장래를 생각지 않고 무위도식하면서도 자신 있게 성공을 부르짖는다면 그는 사기꾼에 불과하다."

역시 영국의 정치가인 브라이트도 1847년 로치데일 근로자 군중집회에서 비슷한 말을 하고 있다.

"지금 풍요롭게 사는 사람들은 그 생활을 계속 유지하도록 노력해야 할 것이며, 그다지 행복하지 않다고 생각한다면 곧바로 개선점을 찾아야 할 것이다. 가장 확실한 개선 방법은 근면, 검소, 절약 그리고 성실이다. 어쨌든 불만투성이의 생활에서 탈출하고 싶다면 이 네 가지의 미덕을 몸소 실천하지 않으면 안 된다. 실제로 많은 사람들이 이와 같은 삶의 방식을 지켜온 덕택에 생활을 향상시켜왔고 마침내 성공에 이르렀던 것이다."

우리 주변에서도 공사장에서 막일을 하거나 행상 일을 하면서도 근검절약에 힘쓰고 노력한 결과 풍요로운 생활을 영위하는 사람을 얼마든지 볼 수 있다. 그런 사람들이야말로 우리 사회의 발전을 위해서 꼭 필요한 사람들이다. 열심히 산다는 것은 결코 어려운 일이 아니다. 제도의 강제성 같은 건 필요하지도 않고, 그렇다고 해서 열심히 살아지는 것도 아니다. 다만, 누구든지 이와 같은 생활을 누리려고 마음먹으면 충분히 가능한 것이다.

몽테뉴의 『수상록』에 이런 말이 있다.

"우리는 위대한 인물의 생활뿐만 아니라 이름 없는 서민의 생활에서도 훌륭한 도덕철학을 찾아볼 수 있다. 사람은 누구나 스스로 인간답게 살아나가기 위한 조건을 완벽하게 구비하고 있다."

＊지금 풍요롭게 사는 사람들은 그 생활을 계속 유지하도록 노력해야 할 것이며, 그다지 행복하지 않다고 생각한다면 곧바로 개선점을 찾아야 할 것이다. 가장 확실한 개선 방법은 근면, 검소, 절약 그리고 성실이다.

유혹이 닥쳐왔을 때
'NO'라고 말할 수 있어야 한다

영국의 찰스 네이피어 장군이 인도군 총사령관직에서 물러날 때의 일이다.

이때 그는 방탕한 생활을 일삼고, 불명예스러운 빚 때문에 고통받고 있는 젊은 장교들을 따끔하게 비판한 훈시를 남겼다. 그 유명한 「인도군 장교에 대한 일반 명령」이란 문서에서 네이피어는 이렇게 말했다.

"성실함은 교양 있는 신사의 품성과는 떼어놓을 수 없는 덕목이다. 외상으로 샴페인이나 맥주를 마시고, 거기에다 외상으로 마차를 타는 일은 신사와는 거리가 먼 사기꾼들이 하는 짓이다. 요즘 장교들 중에는 분수에 맞지 않는 사치스러운 생활로 빚을 짊어지고 마침내는 자기 부하에게 고발까지 당하는 부끄러운 일도 있었다. 이런 자들은 비록 신분은 장교라 해도 결코 신사라고 할 수 없다. 전장에서 싸우는 것만이 장교의 직책이 아니다. 싸우는 일이라면 차라리 사냥개를 시킬 수도 있다.

제군들은 약속을 지키고 있는가? 빌린 돈은 정확하게 갚고 있는가? 이것은 명예에 관한 문제이다. 물론 나는 제군들이 죽음을 두려워하지 않는 군인이라는 점을 잘 알고 있다. 따라서 나는 제군들이 뒤에서 손가락질당하는 인간이 되지 않기를 간절히 바라고 있다. 총탄이 비 오듯이 퍼붓는 전쟁터에서 용감히 돌진하여 위대한 무공을 세운 제군들이 욕정을 충동질하는 하찮은 유혹을 뿌리칠 수 없다는 것은 너무나 안타까운 일이다. 나는 여러분들이 살아서 치욕을 당하는 것보다 차라리 죽음을 택하는 고결함을 갖추고 있음을 잘 알고 있다. 그렇듯 용감한 젊은이들이 어째서 쾌락과 육욕의 마수에서 단호히 벗어나지 못하고 있단 말인가!"

혈기왕성한 젊은이들이 인생이라는 길을 걸어갈 때, 그 앞에는 수많은 유혹들이 기다리고 있다. 쾌락과 향락 그리고 방종의 유혹들……. 이들은 그런 사악한 유혹 앞에서 'NO'라는 말을 할 수 없었기에 그 뛰어난 용맹성에도 불구하고 인생에 오점을 남기게 된 것이다.

유혹에 패배한 인생은 반드시 타락의 길로 빠지게 된다. 아무리 재능으로 충만한 청춘의 불같은 열정도 일단 유혹에 빠지게 되면 어이없이 소멸되어버리고 만다.

유혹을 뿌리치는 단 한 가지 방법은 단호하게 'NO'라고 말하는 것이다. 이것저것을 저울질하며 어느 쪽을 택할 것인가 망설여서는 안 된다. 생각에 너무 치우치게 되면 결국 혼란만 커질 뿐이다. 실제로 우물쭈물 망설이다가 결단의 기회를 놓쳐버리는 경우가 얼마나 많은가.

유혹이란 항상 인내력을 시험해보기 위해서 찾아오는 것이다. 단 한 번만이라도 유혹에 굴복하게 되면 차츰차츰 의지가 약화되어 결국 중요한 미덕 한 가지가 떨어져 나간다.

그러므로 유혹은 단호하게 거절하라. 결단의 제일보를 내딛게 되면 인생을 헤쳐나가는 커다란 힘을 얻게 된 것과 같다. 이와 같은 결단을 계속해서 되풀이하는 동안에 젊음은 보다 더 성숙한 아름다움으로 빛을 발하는 것이다.

젊은 시절에 몸에 밴 습관은 악에 대한 방파제 역할을 해준다. 인간의 품행은 곧 습관에 의해 형성되는 것이며, 윤리나 도덕이 지켜지는 것 또한 습관의 힘이다.

좋은 습관이 일상생활의 구석구석으로 파고들 때 그 사람의 인격도 두루두루 미덕을 갖추게 되는 것이다.

＊ 유혹에 패배한 인생은 반드시 타락의 길로 빠지게 된다. 아무리 재능으로 충만한 청춘의 불같은 열정도 일단 유혹에 빠지게 되면 어이없이 소멸되어버리고 만다. 유혹을 뿌리치는 단 한 가지 방법은 단호하게 'NO'라고 말하는 것이다.

Chapter 4

세상은
고통으로 가득 차 있지만,
그것을 이겨내는 일로도
가득 차 있지

열심히 일하라,
인생이 즐거워진다

사람에게는 저마다 주어진 인생의 몫이 있다. 자신을 둘러싸고 있는 환경의 영향을 무시할 수는 없지만 긍정적인 사고방식을 갖고 자중 자애하면서 마음의 여유를 갖는다면 인생은 한층 즐거워질 수 있을 것이다.

산다는 것의 진정한 의미는 무엇인가. '얼마나 살았는가'보다 '어떻게 살았는가'를 더 중시하는 것도 인생의 의미나 가치 차원에서 중요한 기준이 된다.

중국의 어느 황제는 다음과 같은 명언을 남겼다.

"단 한명이라도 일하지 않고 빈둥거리거나 게으름을 피우는 사람이 있다면 그를 대신한 누군가가 이 나라 어딘가에서 굶주림과 추위에 떨고 있을 것이다."

나폴레옹 보나파르트가 세인트헬레나섬에 유배되었던 시절의 일화에도 이런 것이 있다.

하루는 나폴레옹이 어떤 귀족 부인과 함께 길을 가는데 앞에서 하인들이 무거운 짐을 메고 끙끙대며 걸어오고 있었다. 동행하던 귀족 부인이 하인들에게 길을 비키라고 호통을 치자, 나폴레옹이 점잖게 한마디 했다.

"마담, 저들은 지금 자신에게 맡겨진 고된 일을 하고 있는 중이오. 우리가 비켜줍시다."

사도 바울은 그리스도의 가르침을 전파하면서 유명한 명언을 남겼다.

"일하기 싫은 자는 먹지도 마라!"

인생을 즐겁게 살기 위해 꼭 필요로 하는 것은 그다지 많지 않다. 허탈감, 무력감, 게으름의 노예가 되지 않고 끊임없이 무언가를 추구하면서 목표를 세우고 성취감을 느낄 때 우리 몸 안의 엔도르핀은 마구 생성되는 것이다.

즐거운 인생! 결코 어려운 일은 아니다. 가치 있고 유용한 일에 자신을 던져 혼신의 힘을 다하고 거기에서 만족을 느낄 때 인생은 얼마든지 즐거운 것이 된다. 땀을 흠뻑 흘리면서도 승리를 향해 몸을 던지는 운동선수의 환한 미소는 얼마나 아름다운가.

부지런하게, 늘 공부하는 자세로 지식을 쌓고 시간을 유용하게 관리하려는 마음자세, 그것이야말로 인생을 값지고 즐겁게 만들어주는 선행 조건이다.

1년 단위로 농사를 짓는 농사꾼들을 보자. 봄여름을 아무 일도 하지 않고 한가하게 보낸 사람은 가을에 할 일이 없다. 손에 쥐어지는 수확물이 없으니 겨울을 맞이하는 마음이 착잡할 것은 뻔한 이치다.

그러나 춥고 고통스러운 겨울이 영원히 지속되는 것은 아니다. 늘 그렇듯이 봄은 자기 차례를 건너뛰는 법이 없다. 겨울은 가기 마련이고 봄은 어김없이 찾아오기 마련이다.

우리 인생에도 사계절이 있다. 지금은 비록 춥고 고통스럽다 해도 언젠가는 보다 나은 한 시절이 올 것이다. 단, 그것은 우리들이 마음먹기에 달려 있다. 노력하는 자에게 기회란 항상 열려 있는 법이지만, 게으른 자에게는 현실이 곧 지옥이요, 미래 또한 지금의 현실과 다를 것이 없다.

우리 모두에게는 상상을 초월할 정도로 엄청난 잠재능력이 있다. 다만 모르고 있을 뿐이다. 자기 자신도 미처 깨닫지 못했던 그런 능력은 자신의 본분에 맞게 일에 몰두할 때 가장 훌륭하게 발휘된다.

사람이 아무리 머리가 좋고 재능이 뛰어나다 해도 일하지 않고는 아무것도 이룰 수 없다. 일찍이 벤저민 프랭클린도 이런 말을 했다.

"100년을 살 것처럼 일하고, 내일 죽을 것처럼 기도하라."

이제껏 당신이 게으름과 타성에 젖어 인생을 허비했다면

지금이라도 늦지 않았다. 열심히 일하고 최선을 다해 노력하라. 어쩌면 한 번도 경험하지 못했던 성취감이 당신을 인생의 봄날로 인도할 것이다.

＊ 저마다 지니고 있는 잠재능력이 가장 훌륭하게 발휘되는 것은 바로 일할 때이다. 유용한 일에 자신을 던져 혼신의 힘을 다하고 거기에서 만족을 느낄 때 인생은 얼마든지 즐거운 것이 된다.

자녀는 부모가 창조한
최고 걸작품

　한 사람이 올바른 인격체로 성장하는 데 꼭 필요한 자양분
은 부모의 사랑이다. 하지만 자식에 대한 부모의 사랑은 표면
적으로 잘 드러나지 않는다. 그래서 대부분의 자녀들이 그것
을 알지 못하고 지내다가 세월이 한참 흐른 뒤에야 비로소 깨
닫고 가슴을 치며 그리움에 사무친다.

　"남들이 하는 만큼 했을 뿐이에요. 세상에 자식들 위해서
그 정도 뒷바라지도 안 하는 어머니가 어디 있겠습니까?"

　훌륭한 위업을 이룩한 명사들의 어머니를 인터뷰하면 한결
같이 이와 같은 대답을 한다. 세상에 내놓고 자랑할 만한 자
녀로 키웠으면서도 어머니들은 겸손하다. 그러나 자녀들은
알고 있다. 자신의 오늘이 있기까지에는 어머니의 피나는 노
력과 눈물겨운 뒷바라지가 있었다는 것을.

　그러나 역사에 이름을 남긴 위인들의 전기를 읽어보면 유

162

년 시절에 어머니의 영향을 받은 부분을 기술해놓은 대목을 찾기가 쉽지 않다. 그렇다고 해서 그들 어머니의 헌신적인 노력이나 영향력을 간과하는 것은 아니다.

프랑스의 사상가인 메스트르는 여성이기 이전에 어머니로서의 위대함을 반어적으로 표현하고 있다.

"걸작이라고 일컬을 만한 것 중에서 여성들의 작품은 거의 없다. 저 훌륭한 『일리아드』나 『오디세이』를 보라. 모두 남성들이 쓰지 않았던가? 그렇다고 그들이 「메시아」를 작곡했는가? 산피에트로 대성당을 설계했는가? 「최후의 심판」 같은 유명한 벽화를 남기기를 했나? 과학적으로 인류를 한 단계 진보시킨 발명 역시 모두 남자들의 업적이다. 그러나 여성들 중에는 그 어느 것과도 비견할 수 없는 위대한 업적을 남긴 사람들이 얼마든지 있다. 바로 그 남성들을 어릴 때부터 무릎에 앉혀놓고 자장가를 불러주면서 마음의 평화와 안식을 심어준 사람! 진실한 사랑이 무엇인지를 깨닫게 해주고, 나아가 위대한 예술가로 키운 어머니들이다. 한 인간의 영혼에 불멸의 영감을 심어주고 오래도록 간직하면서 예술혼을 키울 수 있도록 원천을 마련해주었던 이들이 바로 어머니인 것이다."

메스트르는 바로 자신의 어머니를 떠올리며 이렇게 말할 수 있었던 것이다.

작가나 시인, 음악가 같은 예술가들의 경우 그 어머니가 끼친 영향력은 지대하다. 어머니의 예술적 소양과 지적 감수성이 그대로 자녀들에게 전이되어 예술 작품의 탄생에 간접적인 영향을 끼친 사례도 얼마든지 찾아볼 수 있다.

세계적인 대문호 괴테의 경우, 이미 유년 시절부터 어머니의 남다른 예술적 재능을 그대로 이어받았다.

괴테의 어머니는 자신이 지닌 천부적인 재능을 요람에 누운 아기에게, 그리고 소년이 된 괴테에게 늘 이야기로 꾸며 들려줌으로써 상상력의 불을 댕겨주었다. 어린 시절 어머니가 들려주었던 풍부한 이야기들을 간접 체험을 통해 자신의 것으로 받아들였으며, 그때 받은 영감은 괴테를 탁월한 시인으로 키우는 데 결정적인 역할을 했던 것이다.

괴테의 추종자들 중 한 사람이 괴테의 어머니와 오랜 시간 이야기를 나누고는 무릎을 탁 치면서 "괴테가 대문호가 된 이유를 비로소 알 것 같군요." 하고 감탄했다는 일화는 너무나도 유명하다.

괴테 역시 자신의 어머니를 회고할 때면 깊은 애정과 존경을 표했다. 훗날 프랑크푸르트를 방문했을 때 괴테는 자신의 어머니를 친절하게 보살펴주었던 사람들을 일일이 찾아다니며 감사의 예를 표하는 것을 잊지 않았다고 한다. 평생 어머니에 대한 애틋한 그리움을 마음속에 간직하고 살았던 괴테로서는 너무도 당연한 일인지도 모른다.

위대한 예술가 뒤에는 반드시 훌륭한 어머니가 있다는 예를 또 하나 들어보겠다.

네덜란드의 화가 아리 셰페르가 유년 시절 화가가 되겠다는 꿈을 품은 것은 스스로의 희망이었지만 그 씨앗을 발아시켜주고 떡잎이 잘 자라도록 격려해준 사람은 역시 그의 어머니였다.

온갖 지원과 격려를 아끼지 않으면서 아들의 뒤를 밀어준 어머니에게 셰페르는 저 유명한 작품「베아트리체」,「산타 모니카」를 헌정하여 은혜에 보답하였다. 두 작품의 모델이 바로 어머니라는 것은 잘 알려진 사실이다.

셰페르의 어머니는 가족들과 떨어져 홀로 파리에서 화가 수업을 받던 어린 아들에게 자주 편지를 띄웠다. 물론 편지에는 항상 최선을 다하라는 어머니의 애정 어린 당부가 담겨 있었다.

"사랑하는 내 아들아! 네가 그리울 때면 언제나 사진을 들여다보며 입맞춤을 한단다. 그럴 때면 어느새 내 눈가엔 눈물이 그렁그렁 고이곤 하지. 때때로 어미가 네게 가혹한 말을 해서 마음을 상하게 했다면 이해해다오. 틀림없이 어미의 마음을 짐작하고도 남았으리라 믿는다. 지금도 간절하게 바라는 것이 있다면 늘 신중하고 겸손한 태도로 사물을 바라보고 네 마음속의 높은 이상을 향해 정진하라는 것이다. 그리고 혹

시라도 자만심에 빠질 때면 자연의 온갖 아름다운 창조물을 보거라. 아니면 네가 도달하고자 하는 높은 이상을 생각한다면 교만함도 어느새 사그라지지 않겠니? 늘 겸허한 자세를 잃지 않도록 노력하거라."

유학 시절 어머니의 편지들은 셰페르를 당대 최고의 화가로 키우는 데 커다란 자극제가 되었음은 말할 것도 없다.

훗날 셰페르 역시 딸에게 자신의 어머니에게서 들었던 충고와 애정을 고스란히 쏟아부었다. 셰페르가 딸 마조렌에게 보낸 편지에는 돌아가신 어머니에 대한 그리움이 절절히 담겨 있었다.

"하지 않으면 안 된다라는 말을 항상 기억하거라. 네 할머니 살아생전에 좌우명과도 같은 말이다. 인생에는 자기가 직접 노력해서 얻은 것, 그리고 누군가의 희생을 통해 얻게 된 것만큼 귀중한 것은 없단다. 자신의 즐거움을 젖혀두고 희생을 치르다 보면 스스로 얻는 만족은 또 비할 수 없이 크지. 자기희생이야말로 신이 우리에게 보여준 가장 큰 모범이 아니겠느냐? 거룩한 것이지!"

귀감이 되는 말과 행위는 오랜 세월을 두고 자자손손 전해지는 위력이 있다.

셰페르는 희생을 마다하지 않고 자신을 보살펴준 어머니를 오랫동안 기억했다. 또한 그 교훈은 오늘날 우리에게까지 전해져 잔잔한 감동을 준다.

　세상에 자식 없는 부부는 있지만 부모 없는 자식은 없는 법이다. 부모를 여의었더라도 어머니가 존재했기에 내가 세상에 나온 것이다. 그렇기에 친구나 부부관계는 부득이한 일로 관계가 끊어질 수 있지만 부모 자식 관계는 천륜이라고 하지 않는가.

　'좋은 나무가 좋은 열매도 맺는다'는 윌리엄 랭글런드의 시구가 새삼 가슴에 와 닿는다.

★ 걸작이라고 일컬을 만한 예술작품 중에서 여성들의 것은 거의 없다. 대부분 인류사에 길이 남을 걸작들은 남성들의 작품이다. 그러나 한 인간의 영혼에 불멸의 영감을 심어준 예술의 원천은 바로 그 어머니, 즉 여성들이다.

편지로 묘사한 초상화

버크는 맑고 아름다운 심성을 지닌 여성과 결혼해 행복한 삶을 살았다. 그가 젊은 시절에 아내에 대해서 쓴 다음의 글은 문자로 그린 초상화의 걸작이라 할 수 있을 것이다.

"그녀는 빼어난 자태를 지니고 있다. 그러나 그 아름다움은 뚜렷한 이목구비나 백옥 같은 피부, 날씬한 몸매에서 나오는 것은 아니다. 그녀가 지닌 아름다움의 근원은 착한 마음씨와 따뜻한 인정, 천진스러운 미소, 섬세한 감수성이다.

그녀의 눈동자는 온화한 빛을 발하며, 특히 다른 사람을 기쁘게 해줄 때 더욱 커진다. 그녀는 깊은 시선으로 타인을 바라보곤 하는데 결코 거만해 보이지 않는다.

그녀의 성격은 확고한 편이지만 섬세함 또한 함께 지녔으며, 온유함과 나약함을 겸비했다. 말씨나 행동거지도 겸손해서 자신이 말해도 되는 것과 말해선 안 될 것을 구분할 줄 안다.

그녀만큼 빠른 시일 내에 지식을 넓힌 사람도 없으며 그녀처럼 인식욕에 불타오른 여성도 흔치 않을 것이다. 그녀의 예의 바른 몸가짐은 천성적으로 몸에 밴 것이라 혈통을 중시하는 사람이나 그렇지 않은 사람들 모두 깊은 인상을 받곤 했다."

버크의 아내는 한 사람의 아내 이전에 여성으로서 갖춰야 할 덕목을 고루 갖춘 여성이었다.

행복한 가정을 꾸려가기 위해선 스스로 인격을 쌓고 상대방의 장점을 최대한 인정하고 칭찬해주는 것이 필요하다. 자기 아내의 뛰어난 점을 알면서도 내색하지 않고 속으로만 흐뭇해하면서 아내를 누르는 것은 남자답지 못하다.

19세기에 살았던 허치슨 장군은 죽음을 앞두고 홀로 남을 부인에게 이런 유언을 했다.

"내가 죽고 없더라도 슬픔을 딛고 의연히 살아주기 바라오!"

남편이 죽은 뒤 아내는 남편의 당부를 가슴에 깊이 새겨두고 결코 눈물을 보이지 않았다. 생전의 남편 모습을 글로 옮기는 작업에 몰두하면서 슬픔을 잊으려고 애쓴 흔적이 다음의 글에 잘 나타나 있다.

"그분과 같은 지위에 있는 사람은 대체로 신앙심이나 명예, 너그러운 마음 등 자기 삶의 규칙을 정해놓는데, 특히 아내에 대한 애정에 관해서는 나의 남편 허치슨 장군을 모범으로 삼는 것도 좋을 것이다.

그분만큼 아내를 사랑하고 존중해준 사람은 흔치 않다고 생각한다. 물론 그렇다고 해서 무조건적인 사랑은 아니고, 자신이 정한 규율을 어겼을 때는 호된 질책이 뒤따랐다. 하지만 규율이라는 것이 아내 된 도리로서 기쁘게 따를 만한 것이었으며 상대에 대한 배려와 애정이 넘치는 것들이었다.

남편은 설득력 있게 나를 제어했으며 가능한 한 나의 명예가 손상되지 않도록 배려해주었고 모두가 나를 이롭게 하는 것들이었다. 그는 외모보다는 나의 마음과 여성으로서의 정절을 사랑해주었다.

그렇다고 해서 아내에게 늘 양보하고 제멋대로 하도록 내버려두었다는 뜻은 아니다. 만일 남편이 나를 과대평가했다면 그 원인은 남편에게 있다.

나는 아내 된 입장에서 그저 허치슨의 좋은 점만을 비추는 거울에 지나지 않았기 때문이다. 남편이 살아 있을 때는 내가 곧 그였으며, 지금의 나는 기껏해야 그의 그림자에 불과한 것이다.

남편의 깊은 애정은 끝까지 변치 않았다. 내가 나이를 먹어가면서 외모가 볼품없어져도 예전보다 더 다정하게 대해주었다.

아내에 대한 그의 지고한 사랑은 세상에 흔한 빗나간 열정 따위와는 거리가 먼, 크나큰 의무의 법칙에 근거한 사랑이었다. 그리고 이제, 신의 뜻에 따라 우리를 남겨두고 순결하게

하늘나라로 올라갔다."

부부는 서로를 비춰주는 거울이라는 대목이 특히 감동적이다.

남편이 아내를 아끼고 존중하면 자신도 올라가고, 아내가 남편을 격려하고 존경하면 그만큼 아내도 올라간다는 평범한 진리를 이 노부인은 잔잔하게 설명해준 것이다.

＊행복한 가정을 꾸려가기 위해선 스스로 인격을 쌓고 상대방의 장점을 최대한 인정하고 칭찬해주는 것이 필요하다.

쇠는 뜨거울 때 두들겨라

위대한 사상은 정신의 소산인 동시에 육체의 소산이라는 말이 있다. 그만큼 신체 건강을 유지하는 게 필요하다는 역설적 표현일 것이다.

'노동은 만사를 정복한다'라는 격언은 특히 지식의 정복에 적용되는 말이다. 지식을 습득하는 길은 배움에 힘쓰는 사람이라면 누구에게나 평등하게 열려 있으며, 확실한 목표만 설정되어 있다면 어떠한 어려움도 넘어설 수 있다.

"신이 인간을 이 세상에 보내줄 때, 고생을 마다하지 않는다면 어느 곳이라도 손이 닿을 수 있는 긴 팔을 주셨다."

시인 채터턴은 이런 명언을 남겼다. 학문을 연구할 때도 비즈니스처럼 열성을 기울여야 성공을 쟁취할 수가 있다.

예로부터 쇠는 뜨거울수록 세게 치라고 했다. 퍼거슨은 추운 겨울날 양가죽을 뒤집어쓰고 높은 언덕에 올라가 하늘을

173

처다보며 천문학을 공부했다. 에드먼드 스톤은 정원사 일을 계속하면서 수학을 공부했다. 새뮤얼 드루도 구두 수선공 일을 하면서 철학을 공부했으며, 휴 밀러는 채석장의 날품팔이 일을 하면서 독학으로 지질학자가 되었다.

화가 레이놀즈는 이렇게 주장했다.

"끈기 있게 노력을 계속하면 누구라도 뛰어난 사람이 될 수 있다."

그는 얼핏 보기에 보잘것없고 단조로운 일이 바로 천재로 통하는 길이라고 했다. 끊임없이 노력하면 끊임없이 그림 솜씨도 향상된다는 말이다. 탁월한 기량은 노력에 의해서만 얻을 수 있다. 훌륭한 재능을 지니고 있다면 근면함이 그 재능을 더욱 높여주게 될 것이며, 평범한 사람이라 하더라도 근면이 그 결점을 보완해줄 것이다. 노력이 올바른 방향으로 향해 있기만 하면 결코 배신당하는 일은 없다. 무릇 노력 없이는 아무것도 얻지 못한다.

* 깊이 생각하지 않는 사람은 뜻을 얻지 못하고, 뜻을 행동으로 옮기지 않는 사람은 이룰 것이 없다. 이것은 옥(玉)을 갈지 않으면 아름다운 보석이 될 수 없는 것과 같은 이치이다.

인간의 가치는
습관이 결정한다

프랑스의 계몽주의 철학자 몽테뉴는 "습관은 제2의 천성이다."라고 말했다.

그것은 습관이 한 사람의 인격을 판단하는 잣대가 될 만큼 중요하다는 뜻이다. 자신도 모르게 몸에 익은 습관은 만사를 처리할 때 긍정적인 결과를 초래하기도 하고 부정적인 결과를 낳기도 한다. 그래서 습관은 이성보다 강하다고 아리스토텔레스는 갈파하지 않았던가.

당신은 어떤 일이 자신의 의지와 전혀 상관없이 전개되어 당황했던 적이 없는가? 만일 그런 일이 빈번하다면 먼저 자신의 습관을 찬찬히 돌아보는 것이 좋겠다.

습관은 자신도 의식하지 못하는 사이에 자기를 지배한다는 것을 새삼 깨닫게 될 것이다. 그러나 자기 의지에 따라 얼마든지 길들일 수 있는 것이 또한 습관이다.

독일의 철학자 칸트는 워낙 철저한 생활습관으로 유명해서 마을 사람들은 그를 '동네 시계'라고 불렀다. 그러나 그가 처음부터 '동네 시계'라는 별명을 갖진 않았을 것이다. 그는 매일 몇 시에 일어나서 몇 시에 아침을 먹고 몇 시부터 산책한다는 목표를 세운 다음, 그것을 실천에 옮긴 것이다. 하루 이틀도 아니고 평생을!

자신이 정해놓은 목표와 그것을 이루기 위한 노력, 실천이 거듭되다 보면 그것이 좋은 습관으로 몸에 배는 것이다.

조건반사와 무조건반사 역시 파블로프가 개를 데리고 오랜 시간 실험한 끝에 발견한 법칙이다. 처음에는 아마 엉망이었을 것이다. 수도 없이 반복 실험을 했을 것이다. 말귀도 알아듣지 못하는 개가 종소리만 듣고도 저절로 침을 흘리게 되는 것 역시 개에게는 하나의 습관이다.

"난 낮에는 집중이 안 돼서 도무지 작업을 할 수가 없어. 사방이 고요해지는 밤이 돼야 비로소 머리가 맑아지고 책도 머리에 쏙쏙 들어와!"

"도서관처럼 넓고 사람들 웅성대는 곳에선 아무리 책을 읽어도 머리에 안 들어와!"

이런 말들은 모두 평계에 불과하다.

자신의 습관을 바꿀 생각은 하지 않고 환경 탓만 한다. 죽을 각오로 노력해서 안 될 일은 없다. 자꾸 반복하다 보면 불가능하다고 생각되었던 일도 가능해진다.

'습관은 제2의 천성'이라는 말을 다시 한 번 새겨두자.

새로운 나는 습관을 바꾸는 데서 가능하다.

＊습관은 자기 의지에 따라 얼마든지 길들일 수 있다. 자신이 정해놓은 목표와 그것을 이루기 위한 노력, 실천이 거듭되다 보면 그것이 좋은 습관으로 몸에 배는 것이다.

자기 수양에
종착역이란 없다

인간이라면 누구나 자기 수양을 통해서 향상되기를 원할 것이다. 그럼에도 불구하고 이에 상응하는 노력은 하지 않는 것이 일반적인 현실이다.

존슨 박사는, 공부하는 데 인내심이 부족한 것이 현대를 살아가는 인간들의 병이라고 주장했다. 확실히 우리들은 '학문에 왕도(王道)가 없다'는 격언을 믿지 않는다. 학문에도 어떻게 요령을 피울 수 있는 길이 있을 거라고 생각하는 것이다.

그래서 열심히 배울 생각은 하지 않고 손쉽게 지식의 열매를 따먹으려는 안일한 습성에 젖기도 한다.

어느 부유층 부인은 어학 공부를 시작하려고 할 때 담당교사에게 "문법이나 까다로운 낱말풀이 따위로 나를 괴롭히지 않도록 해주세요."라고 간청했다고 한다.

이와 같은 현상은 속달법에만 매달려 어학을 정복하려고

하는 최근의 경향이 빚어낸 웃지 못할 촌극이라 아니 할 수 없다.

과학 공부를 할 때도 마찬가지이다. 외견상 재미있는 실험에만 관심을 갖고 그 공부를 하려고 한다는 것이다. 그러나 실제로 그와 같은 지식은 별로 도움이 되지 못한다. 단순한 즐거움을 교육으로 착각하고 있는 것에 지나지 않는다.

다시 말해서 머릿속에 단편적인 지식을 집어넣을 수는 있다 해도 정신을 만족시키기는 어렵다. 순간적으로 정신을 자극하고 지적인 즐거움을 제공했다고 해도 그 이상의 차원 높은 목표를 심어주지 못한다면 결국 아무런 도움도 되지 않는 얕은 기분풀이에 불과할 뿐이다.

이와 같은 지식은 순간적인 감각의 영역을 벗어날 수가 없다. 그것은 지성과는 거리가 멀다. 인간의 미덕은 자신의 힘으로 열심히 노력해서 배우며 공부할 때 비로소 싹튼다. 그러나 흥미 본위의 공부에 빠져 있는 한 그 미덕은 영원히 발현되지 못하는 것이다.

흥미 본위의 지식 습득법이 몸에 배게 되면 점차 노력으로부터 멀어지게 된다. 이렇게 되면 지식은 노리갯감으로 전락해버릴 뿐이다. 그 결과 지성은 차츰차츰 빛이 바래 결국 정신도 성격도 알맹이가 빠져버리고 만다.

"취미삼아 아무것이나 마구 닥치는 대로 책을 읽는 행위는 마치 흡연과도 같이 정신력을 약화시켜 사람을 무기력하게 만든다. 그것은 나태한 것 중에서도 최악의 것이며, 인간을 완전히 거세시키고 만다."

로버트슨의 지적대로 손쉽고 간편한 교육의 폐해는 현재도 서서히 확산되어 각 방면에 나쁜 영향을 끼치고 있다. 결국 이와 같은 현실이 경박한 인간을 만들어내고 있는 것이다.

그러나 무엇보다도 중대한 사실은 성실한 노력을 외면하는 사람들이 늘어나고 있다는 점이다.

진정으로 현명해지기를 원한다면 우선 근면한 습관을 몸에 지니고 끈기 있게 노력하는 길밖에 없다. 어느 시대건 가치 있는 일을 성취하려면 노력이라고 하는 대가를 치르기 마련이다.

보다 높은 목표를 지향할수록 진보는 느리다. 그러나 진실되게 전력을 쏟으면 그 보답은 반드시 찾아오게 된다. 하루하루를 근면하게 살아가는 인간은 언젠가는 그 힘을 귀중한 목적을 위해 쓸 수 있게 될 것이다.

그리고 목표가 성취된 후에도 노력은 계속되어야 한다. 자기 수양에는 종착역이 없기 때문이다. 무엇인가에 몰두할 때만큼 행복한 것은 없다. 사람은 늘 움직이고 꿈꾸는 가운데 성장하는 존재이다. 쇠붙이도 녹슬어버리는 것보다는 닳아 없어지는 편이 낫다.

프랑스의 명사 아르노의 명언에도 이런 것이 있다.

"휴식 같은 건, 저승으로 가게 되면 누구나 다 누릴 수 있는 것이 아니겠는가."

　★흥미 본위의 지식 습득법이 몸에 배게 되면 점차 노력으로부터 멀어지게 된다. 이렇게 되면 지식은 노리갯감으로 전락해버릴 뿐이다. 또한 지성은 차츰차츰 빛이 바래 결국 정신도 성격도 알맹이가 빠져버리고 만다.

대기만성의
사람에게서 배운다

어린 시절에 영리하고 똑똑한 아이가 커서도 훌륭한 인물이 되리라는 보장은 없다. 지난날 천재니 영재니 하는 소리를 들었던 아이들이 현재는 어떻게 살고 있는가? 그 대단했던 만년 전교 1등은 또 어떻게 되었을까?

학교를 졸업한 후 각자의 인생을 추적해보라. 어쩌면 학창시절에는 성적도 나쁘고 머리가 둔했던 학생들이 사회의 우등생 노릇을 하고 있을 수도 있다.

예컨대 일찍부터 이해력이나 재능이 뛰어났다고 해서 반드시 성공적인 삶을 산다고 할 수는 없는 것이다.

위인들 가운데도 소년시절에는 지독한 열등생이었던 인물이 의외로 많다.

화가 피에트로 다 코르토나는 어렸을 때 어찌나 행동이 굼 떴던지 주위 사람들로부터 '게으른 당나귀'라는 별명으로 통했다. 시인 토마소 데 귀디도 '멍청한 톰'이라고 놀림을 받았지만 훗날 화려한 명성을 날렸다.

학창시절의 뉴턴은 성적이 꼴찌에서 두 번째였다. 그런 그가 훗날 천재 과학자로서 이름을 날리게 된 데에는 특별한 에피소드가 있었다. 어느 날 뉴턴은 자기 반의 건방진 우등생에게 발길로 걷어차이는 모욕을 당했다. 그는 분한 마음에 용기를 내어 녀석에게 덤벼들어 마구 패주었다. 이때부터 뉴턴은 싸움뿐만이 아니라 학업성적에 있어서도 남에게 이겨야겠다는 결심을 하게 되었고 마침내 학급에서 1등을 차지했다고 한다.

성직자 중에도 어린 시절 머리가 나쁜 사람이 많았다. 이를테면 아이작 배로는 학창시절부터 꽤나 머리가 나쁘기로 유명했다. 자식이 열등생 소리나 들어가며 속을 썩이니 부모로서도 기분이 좋을 까닭이 없었다. 오죽하면 그의 아버지는 신에게 기도하기를 "만일 우리 아들 중 한 사람을 선택해서 도구로 사용하신다면 가장 장래성이 없는 아이작 녀석을 데려가주십시오."라고 간청할 정도였다.

극작가로서 또는 정치가로서 천재적인 명성을 떨쳤던 셰리든도 소년시절에는 보통 이하의 저능아였다. 그의 어머니는 가정교사를 들일 때마다 자식을 소개하기를 "얘는 정말 심각할 정도로 머리가 나쁘답니다."라는 말을 반드시 곁들일 정도였다고 한다.

시인 월터 스콧도 학업에는 애당초 관심이 없었으며, 싸움꾼으로 통하던 소년이었다. 에든버러 대학교에 입학한 후에도 열등생 취급을 받기는 마찬가지였다.

심지어 한 교수는 "그는 현재도 열등생이지만 앞으로도 달라질 건 별로 없을 것이다."라고 단정짓기도 했다.

나폴레옹도 학창시절에는 '건강하지만 평범한 소년'에 불과했고, 훗날 미국의 삼군사령관이 된 율리시스 그랜트는 '유슬리스(useless, 불필요한) 그랜트'란 별명으로 통할 만큼 우둔하고 모든 일에 서툴렀다.

군인이며 정치가인 로버트 클라이브도 젊은 시절에는 말할 수 없는 개구쟁이였다. 오죽하면 그가 마드라스(지금의 첸나이)에 가기로 결정하자 집안에서는 골칫덩이가 없어지게 생겼다며 온통 축제 분위기였다고 한다.

또한 로버트 리 장군의 가장 훌륭한 참모였던 스톤월 잭슨도 어린 시절엔 바보로 취급된 인물이었다. 그러나 웨스트포인트에 입학한 뒤에는 더 이상 바보가 아니었다. 보통 이상의 끈기로 공부에 전념해서 전혀 다른 사람으로 다시 태어난 것이다.

그는 숙제가 주어지면 적당히 끝내는 법이 없었다. 완전히 정복할 때까지 결코 손을 떼지 않았다. 웨스트포인트 동창생

가운데 한 친구는 당시의 잭슨에 대하여 다음과 같이 회고하였다.

"그날의 암기 문제에 대해서 교관으로부터 질문을 받으면 그는 언제나 이렇게 대답했다. '그 문제는 아직 손도 대지 못했습니다. 지금까지 어제와 그제의 과제를 풀고 있었거든요'라고."

이렇게 해서 잭슨은 졸업 당시 전체 70명 가운데 17등이라는 석차를 얻었다. 사관학교에 입학할 때는 최하위의 성적이었던 그가 졸업할 때에는 무려 53명의 급우를 제치고 17등으로 올라섰던 것이다.

"당시의 학제가 4년제가 아니라 8년제였다면 그는 아마 분명히 수석으로 졸업했을 것입니다."

잭슨의 동기생들은 이렇게 입을 모았다.

자선사업가 존 하워드도 열등생의 표본이었다. 그는 재학 시절 7년 동안 공부다운 공부를 해본 적이 없었다.

발명가 스티븐슨이 젊은 시절에 장기를 발휘한 분야라고는 투포환 던지기, 레슬링 그리고 공작(工作) 분야 정도였다.

저명한 화학자 험프리 데이비의 경우도 어린 시절 지능은 보통 이하의 수준이었다.

"한창 배우는 시기에 있는 학생들 간의 차이는 재능보다도 오히려 활동력의 우열에 있는 것이다."

아널드의 이와 같은 지적은 성인의 경우에도 적용되는 것이다.

학창시절의 순위와 사회생활의 순위가 완전히 달라지는 예는 허다하다. 학창시절에는 그토록 머리가 좋던 학생이 사회생활에서는 보통 이하로 낙오되는 수가 많은 것이다.

그런가 하면 무엇 하나 기대할 수 없었던 열등생이 착실히 노력한 덕분으로 마침내 뭇 사람들 위에 서게 되는 예 또한 많다. 그리고 그 비밀을 푸는 열쇠는 당사자의 끈기 있는 노력이다.

아직도 거북이와 토끼의 우화가 주는 교훈이 유효한 것은 이 때문이다. 열심히 노력하고 있다면 발전 속도가 더뎌도 염려할 필요가 없는 것이다.

"내가 오늘의 자리에 오르게 된 것은 오로지 나 자신이 노력한 결과이다."

데이비의 말은 진정 보편적인 진리를 꿰뚫는 명언이 아닐까?

* 100리 길을 가는 사람은 90리를 반으로 친다. 무슨 일이든 마지막까지 최선을 다해야 결과도 좋다. 발 빠른 토끼도 마지막 10리를 남겨두고 게으름을 피웠기 때문에 거북이에게 뒤지는 수모를 겪어야 했던 것이다.

어리석은 사람과
현명한 사람의 차이

『성경』의 「잠언」을 보면 '어리석은 자의 퇴보는 자기를 죽이며, 미련한 자의 안일함은 자기를 멸망시킨다.'라는 구절과 '지혜를 얻는 것이 은을 얻는 것보다 낫고 그 이익이 정금보다 나음이니라. 지혜로운 자는 영광을 기업으로 받거니와 미련한 자의 현달함은 욕이 되느니라.'라는 구절이 있다.

두 구절을 잘 음미해보면 어리석음이 얼마나 사람을 퇴보시키며, 그런 반면 지혜는 얼마나 인생에 있어 큰 재산인가를 깨닫게 해준다.

어리석은 사람은 자신의 무지를 감추는 데 골몰하지만, 현명한 사람은 모르면서 아는 체하지 않는다. 모르면 알기 위해 끝까지 노력한다. 그것이 현명한 사람과 어리석은 사람의 차이다.

모르는 것은 창피한 것이 아니다. 오히려 모르면서 아는 체하다 들통나는 것이 더 곤혹스런 일이다.

영국의 문필가인 버튼 여사는 사람을 네 가지 유형으로 분류하고 다음과 같이 역설하였다.

"무식하면서 무식함을 모르는 사람은 바보니까 그는 피하고, 무식하면서 무식함을 아는 자는 그저 단순하니 그는 가르쳐라. 또 유식하면서 유식함을 모르는 자는 잠을 자고 있으니 그를 깨우라. 끝으로 유식하면서 유식함을 아는 자야말로 현명한 자니 그를 따르는 것이 마땅하다."

옛말에 '목소리는 크고 볼 일이다.' '아니다 싶어도 끝까지 우기면 통한다.'는 말이 있다. 사람이 무지하면 자꾸 억지를 쓰기 때문에 그만큼 목청만 높아지는 것이다. 무식과 무지는 엄연히 다르다. 무식한 사람은 단지 배우지 못했을 뿐이요, 무지한 사람은 배워도 그 뜻을 깨우치지 못하는 사람이니 이보다 더 어리석을 수는 없다.

실수를 했을 때 깨끗이 승복하고 자기의 실수를 인정하는 것도 하나의 지혜다.

서양 금언에 보면 현명한 사람은 어리석은 사람한테서도 배울 것이 있지만, 어리석은 사람은 지혜로운 사람한테서도 배울 것을 취하지 못한다는 말이 있다.

물론 사람은 자신의 실수나 무지를 쉽게 인정하지 못하는 습성이 있다. 자기애가 너무 강한 탓이다. 자신을 지나치게 신뢰하는 데서 비롯되는 어리석은 행동이다.

"도대체 저 사람하고는 말이 통하지 않아서 상종도 하기 싫다니까!"

"대화가 안 돼! 도무지 남의 말을 귀담아듣지도 않고 저만 옳다고 주장한다니까."

주변에 그런 사람이 한둘쯤은 있을 것이다.

말은 의사소통의 가장 기본 수단이다. 그런데 자신의 말만 옳고 상대방의 말은 들을 필요도 없다는 태도는 어리석은 자를 더욱 어리석게 만들 뿐이다.

우리나라 속담에 '아무리 할아버지라도 손자한테서 배울 것이 있으면 배워야 한다.'는 말이 있다. 배움에 나이가 무슨 소용인가. 전지전능한 신이 아닌 다음에야 지식이 한순간에 습득되는 것도 아니고, 모르는 것은 모른다고 시인하고 알고자 하는 태도가 필요하다.

"지혜로운 아들은 아비를 기쁘게 하거니와 미련한 아들은 어미의 근심이니라. 지혜로운 아들은 아비의 훈계를 들으나 거만한 자는 꾸지람을 즐겨 듣지 아니하니라. 어리석은 자는 어리석음으로 기업을 삼아도 슬기로운 자는 지식으로 면류관을 삼느니라. 지혜는 명철한 자의 앞에 있거늘 미련한 자는 눈을 땅 끝에 두느니라. 지혜를 얻으면 정녕 네 장래가 있겠고 네 소망이 끊어지지 아니하리라."

지혜는 현명함의 또 다른 이름이다. 솔로몬 왕의 준엄한 경고를 새겨듣고 그대로 행하려고 노력할 때 당신도 현자가 될 수 있다.

* 현명한 사람은 어리석은 사람한테서도 배울 것이 있지만, 어리석은 사람은 지혜로운 사람한테서도 배울 것을 취하지 못한다. 자신의 실수를 깨끗이 인정하는 것도 하나의 지혜다.

외강내유형과
외유내강형

인간이 동물보다 나은 것은 본능을 억제할 줄 아는 자제심을 가졌다는 점이다.

자제심은 모든 미덕의 근본이다. 만약 무슨 일이든 충동적으로 행동해 버린다면 이미 정신적인 자유를 포기한 것이나 다름없다.

인간이 보다 인간다워지려면, 즉 정신적인 자유를 마음껏 누리기 위해서는 본능을 억누르는 절제와 인내가 필요하다. 이것이야말로 육체와 정신을 구분하는 기준이며, 우리 인격의 기초를 탄탄하게 다져주는 출발점이다.

흔히 인간을 두 가지 유형으로 표현할 때 셰익스피어의 '햄릿형'과 세르반테스의 '돈키호테형'을 예로 든다.

햄릿은 너무 생각이 많고 신중하며 우유부단한 인물이다. 그는 늘 머릿속으로 공상만 할 뿐 정작 실행에 옮기지 못한다. 그러니 자연 고민이 많을 수밖에 없다.

반면에 돈키호테는 어떠한가? 무슨 일이든 머리에 떠오르는 대로 해치워버린다. 미리 한 번이라도 생각해보거나 망설이지 않는다. 과감하다. 그리고 충동적이다. 그렇게 좌충우돌 이리 뛰고 저리 뛰어서 얻는 결과가 무엇이던가. 항상 시행착오의 연속이었다.

현대 사회는 이 두 인물의 절충형을 원한다. 지나치게 신중한 사람은 행동력이 없어 결단을 내려야 하는 순간에 망설이다 일을 그르치고, 지나치게 덜렁대는 사람은 성공보다는 낭패를 볼 확률이 더 높다.

『성경』을 보면 '도시를 점령한 강한 병사'보다는 '자신의 마음을 절제할 수 있는 사람'을 더 칭찬하고 있다. 행동이 앞서기보다 신중함이 중요하다는 뜻이다.

마음이 강한 사람이란 결국 자신을 혹독하게 단련하면서도 사고방식이나 말투, 행동에서는 흐트러짐이 없는 사람이다. 또한 예의 바르고 항상 웃는 낯으로 부드러운 인상을 준다. 남들이 하자는 대로 다 따라 하는 것처럼 보이지만 결국은 자기 의견을 관철시킨다. 이른바 외유내강형이다.

한편 겉으로 보기에는 말 붙이기도 어려울 만큼 차갑고 자기 관리가 철저해 보이는데, 알고 보면 여리고 우유부단한 사람이 있다. 외강내유형이다.

두 유형 다 물론 장단점이 있다. 요점은 두 유형의 장점만을 골라서 자기의 성격으로 만들 줄 아는 요령이다. 현대는 이런 절충형의 인간형이 필요한 시대다.

★ 지나치게 신중한 사람은 결단을 내려야 하는 순간에도 망설이다 일을 그르치고, 지나치게 덜렁대는 사람은 성공보다는 낭패를 볼 확률이 더 높다. 현대는 이 두 인물의 절충형을 원한다.

Chapter

5

희망이란
가냘픈 풀잎에 맺힌
아침 이슬이거나,
좁디좁은 위태로운 길목에서
빛나는 거미줄이거나

상대의 기를 살려주어라

'가까운 사이일수록 말과 행동을 더 조심하라'는 말이 있다. 아무리 허물없는 사이라고 해도 상대의 조심성 없는 말에 상처를 입을 수 있기 때문이다.

사람과 사람이 만나 오랜 친구가 되려면 서로 많은 노력을 기울여야 한다. 상대의 인격을 존중해주고 개성을 인정해주며 자신과 의견이 다르더라도 흔쾌히 받아들이는 등 서로의 희생이 필요한 일이다. 또 상대의 이야기가 재미없거나 자신의 취향과 맞지 않더라도 참고 들어주는 태도는 상대에게 호감을 불러일으킨다.

"저 친구는 정말 괜찮은 사람이야. 내가 벌써 10년을 사귀었지만 한결같아. 남의 말을 자르고 들어오는 법도 없고 내가 무슨 얘기를 해도 항상 귀 기울여주지. 그리고 생색을 내거나 자기 의견만 내세우지도 않아."

그 사람인들 왜 자기 의견이 없을 것이며 털어놓고 싶은 고민이 없겠는가. 친구의 이야기가 시시하고 이치에 맞지 않아 이건 아닌데, 하는 순간이 왜 없었겠는가. 그래도 참고 들어주고 스스로 판단할 수 있도록 기회를 주는 것이다.

말수가 적은 사람 주변에 사람이 많이 몰리는 것도 그와 비슷한 이유에서일 것이다. 인간의 속성은 본래 남의 말을 듣는 것보다 하는 것을 더 좋아한다. 자기를 죽이고 상대의 기를 살려주어 서로 간에 신뢰를 쌓는 것도 인격 수양의 한 방법이다.

성격이 급하고 다혈질인 사람은 때때로 지나친 농담을 해서 친구를 잃는 경우가 있다. 자신은 별 생각 없이 한 말이었지만 그 말로 인해 상대는 굉장히 당혹스럽고 불쾌해질 수 있다. 무심코 하는 말과 행동이 어떤 결과를 초래할 것인가를 한번 생각하고 말을 한다면, 아마 말 때문에 시시비비를 가리는 일은 훨씬 줄어들지도 모르겠다.

남의 기분을 헤아리거나 존중하지 않는 사람은 대부분 자기중심적인 경향이 짙다. 좌중의 화제는 자기가 이끌어가야 하며 잠시라도 남이 하는 말을 듣고 있질 못한다. 무슨 결정이든 자기 편한 대로 내려야 하며, 자기의 생각이 거절당하는 것을 견디지 못한다.

그런 사람들은 악의가 있다기보다는 섬세함이 부족하다고 이해하는 편이 좋다. 남을 기쁘게 하거나 사소한 배려에 서툴며 아예 생각조차 미치지 못하는 것이다.

자제력이나 분별력을 지니지 못한 사람들은 늘 문제를 일으키고 사람들과 화합하지 못한다. 그래서 아무리 능력이 있어도 성공과는 반대편의 길을 걷게 된다. 반대로 능력은 조금 떨어지더라도 자신을 제어하고 참을성 있게 맡은 일에 최선을 다하는 사람들은 언젠가는 성공의 길로 들어서게 된다.

이렇게 인생에서 성공을 거둔 사람들 중에는 안타깝게도 능력은 있지만 타고난 기질 때문에 자꾸 실패만 하는 사람도 있고, 능력은 다소 떨어져도 인간관계의 소중함을 깨닫고 한 사람 한 사람에게 진심 어린 마음으로 대하고 자기 일에도 최선을 다해 성공을 일궈낸 사람도 있다. 모두 자기 하기 나름인 것이다.

어려서부터 예의범절이 몸에 밴 사람은 인간관계에서도 윤활유 역할을 한다.

"저 친구를 만나면 왠지 기분이 좋아져. 함께 얘기를 나누다 보면 내가 무얼 걱정하고 있었는지 잊을 정도로 기분이 상쾌해진다니까! 아주 묘한 매력을 갖고 있는 친구야."

"그 애한테서 배울 점이 많다고 생각해요. 항상 대화를 나누고 나면 마음이 정리가 되고, 같은 또랜데 어떻게 저런 생각을 하고 있을까 놀랄 때가 많아요. 그 이유가 뭘까 생각해봤는데, 바로 가정교육의 힘이구나 싶어 부러울 때가 많아요."

누구든지 이런 사람이 되기를 원할 것이다. 이렇게 밝고 따뜻하며 진실이 배어나는 사람은 곁에 있기만 해도 좋은 느낌을 전해주는 힘이 있다.

프랑스의 작가 라로슈푸코는 "겉으로 그럴듯하게 보이는 욕망이야말로 행동을 자연스럽게 하는 데 방해가 되는 요인이다."라고 말했다.

영국의 목사 킹슬레이는 시드니 스미스가 인격적으로 얼마나 훌륭한 경지에 이르렀는지를 다음과 같이 회고했다.

"그는 부자이건 가난뱅이이건 그와 관계를 맺었던 모든 사람들로부터 사랑과 존경을 한 몸에 받았다. 그 이유가 뭘까? 아마도 사람이면 누구나 똑같다는 생각으로 늘 따뜻하게 배려하고 존중해주면서 상대의 자존심을 건드리지 않았던 것이 비결일 것이다."

시드니 스미스는 귀족이건, 부자이건, 하인이건 상관하지 않고 한결같이 정중하게 대접하여 가는 곳마다 사람들에게 환영을 받았다. 자기로 인해 남이 행복을 느끼면 자신 역시 행복해지는 것은 당연한 이치일 것이다.

가정교육이라는 것은 반드시 훌륭한 가문, 좋은 집안에서만 이루어지는 것은 아니다. 상류계급의 사람들이라고 해서 가정교육을 잘 시킨다는 뜻은 아니라는 말이다.

불우한 환경이나 노동자 계급, 저소득층의 사람들도 부모가 올바른 정신을 가지고 있으면 얼마든지 자녀들을 훌륭하게 키워낼 수 있다.

벤저민 프랭클린이 그 좋은 예다. 그는 유년기와 청년기를 거치는 동안 온갖 고생을 겪고 자랐다. 그가 과학자이자 정치가, 문필가로 명성을 얻기까지 그가 치른 고생은 이루 헤아릴 수 없을 만큼 많았다.

그를 지탱해준 좌우명은 어린 시절 부모님이 일깨워준 자존과 자립정신이다.

"어떠한 경우에도 자존감을 잃어서는 안 된다. 스스로 인생을 개척하여 타인의 모범이 되는 길은 성실과 무한한 노력뿐이야."

아무리 남들이 하찮게 여기는 밑바닥 일을 하더라도 긍지를 갖고 떳떳하게 일할 수 있다면 그는 이미 밑바닥 사람이 아니다. 하고 있는 일이 저급하다 할지라도 정신이 고결하면 그는 언젠가는 보다 나은 일을 하게 된다. 그리고 모범적인 생활 태도를 지속해나가다 보면 주변 사람들도 그를 본받게 된다.

누군가에게 좋은 영향을 끼치며 사는 삶이야말로 진정 보람 있는 삶이다.

예의범절은 지갑 속의 돈이 결정해주는 것이 아니다. 아무리 가진 것이 없더라도 인격적으로 훌륭한 사람이라면 아무도 함부로 대하지 못한다. 가진 것이 없을수록, 지금 내가 떳떳하게 내세울 것이 없을수록 자존심을 지키는 길은 바로 예의범절을 잃지 않는 것이다.

* 인간의 속성은 본래 남의 말을 듣는 것보다 하는 것을 더 좋아한다. 자기를 죽이고 상대의 기를 살려주며 서로 간에 신뢰를 쌓는 것도 인격 수양의 한 방법이다.

배려는 타인의 마음을
열게 하는 열쇠다

남을 생각할 줄 아는 마음도 인격자가 갖춰야 할 미덕 중 하나다. 나보다는 남을 더 생각하고 양보하고 배려한다는 것이 그리 쉬운 일만은 아니기 때문이다. 배려야말로 인간관계를 원만하고 매끄럽게 이끌어주는 윤활유라고 할 수 있다.

사려가 깊은 사람은 그만큼 매사에 신중하고 주위 사람들에게 신뢰를 주기 때문에 사회에서도 좋은 평가를 받는다. 조직사회에서는 때로는 당신도 리더가 되어 통솔하는 위치에 놓일 수 있다. 그럴 때 상대방의 입장은 생각하지 않고 독단적으로 일을 처리한다면 자연히 불평이 나올 수밖에 없을 것이다.

배려도 하나의 예의다. 예의 바른 태도는 그 사람이 지닌 능력보다 더 강한 영향력을 발휘할 수도 있다. 가식적인 예의는 금세 표가 나기 마련이지만, 진심으로 예의를 갖춰 사람들을 대한다면 사회적인 성공은 자연스럽게 따라온다.

우리는 흔히 첫인상이 중요하다는 말을 한다. 첫인상이란 무엇인가. 말쑥한 옷차림과 유창한 말솜씨, 겉으로 드러나는 이력서가 전부는 아니다. 예의 바른 태도와 공손한 말투, 겸손한 자세도 상대에게 좋은 인상을 심어줄 수 있다.

사람들은 때때로 자신의 이력서에 적힌 학력이나 경력이 자신의 능력을 대변해준다고 생각하는 경향이 있다, 번드르르한 이력서 한 장이면 어디서나 자신을 환영할 것이라고 믿고 경솔하게 처신하기도 한다.

무례하고 경솔한 태도는 타인의 마음에 단단한 빗장을 질러 가까이 다가오지 못하게 만든다. 또한 지나치게 자신만만한 태도는 오히려 불신감을 불러일으킨다. 예의보다 더 중요한 것이 능력이라고 믿는 것은 경솔한 생각이다.

'예의는 인간을 만든다'는 말과 '인간이 예의를 만든다'는 말 중 당신은 어느 쪽에 더 공감하는가.

물론 사람의 성격은 여러 가지라서 겉으로는 무례하고 건방져 보이지만 사실은 건실하며 자기 일에 책임을 다하는 사람도 있다. 또 작은 일에 소홀한 대신 대범해야 큰일을 한다고 믿는 사람도 있을 것이다. 그러나 진정한 인격자는 이런 것을 모두 다 염두에 두고 신중하게 행동한다.

예의 바른 태도로 상대를 대하고 맡은 일에 최선을 다하며 항상 겸손하고 타인에 대한 배려를 아끼지 않는다면 스스로 자신을 알리려 애쓰지 않아도 남들이 다 알아주게 되어 있다. 마음 깊은 곳에 자리 잡고 있는 그 사람의 본질은 언젠가는 제 모습을 드러내기 마련이다.

배려하는 마음은 타인의 마음의 문을 열게 하는 열쇠다. 진심으로 남을 배려하려면 친절함과 상대를 꿰뚫는 통찰력 그리고 지혜가 필요하다. 그러나 형식적이고 가식적인 배려는 오히려 안 하는 것만도 못하다. 친절과 배려가 몸에 익지 않은 사람이 억지로 하려 들면 부자연스러워서 누구나 쉽게 간파하고 만다.

"사회에서 요구하는 것은 학식이나 덕행이 아니라 예의범절이다."

이 말은 『허영의 시장』으로 유명한 작가 새커리가 한 말이다.

예의범절이 없는 사람은 사회인으로 성공하기 힘들다고 단정한다면 지나친 생각일까.

예의는 상대에 대한 정중함과 상냥함에서 시작된다. 공손한 말투나 행동은 타인에 대한 감정을 드러내는 일종의 자기표현이다. 물론 싫어하는 사람한테까지 공손하게 대하기란 그리 쉬운 일은 아닐 것이다. 그러나 사회는 또 다른 '나'가 모여서 이루어지는 것이므로 자기의 감정을 있는 그대로 다 표현할 수는 없다. 때로는 자기의 감정을 다스리고 접어둘 수 있는 여유도 필요하다.

아름다운 모습은 아름다운 얼굴보다 낫고, 아름다운 행위는 아름다운 모습보다 낫다. 나아가 아름다운 행위는 훌륭한 예술품을 감상하는 것 이상으로 우리에게 감동을 준다. 그것이야말로 최상의 예술 작품이 아닐는지.

타인에 대한 성의 있는 응대는 본심에서 우러나와야 가치가 있다. 성실함이 결여된 예의는 있을 수 없다.

모범적인 삶은 물과 같아서 불순물이 섞이지 않을수록 투명하다. 인간의 행동도 마찬가지다. 내가 행복해지려면 타인의 행복을 먼저 생각하고 타인의 마음을 해치는 행동은 가급적 삼가는 것이 좋다. 늘 감사하는 마음으로 타인을 배려할 때 자신의 마음에도 기쁨이 함께할 것이다.

* 무례하고 경솔한 태도는 타인의 마음에 단단한 빗장을 질러 가까이 다가오지 못하게 만든다. 또한 지나치게 자신만만한 태도는 오히려 불신감을 불러일으킨다. 예의보다 더 중요한 것이 능력이라고 믿는 것은 어리석다.

자기를 바로 알기

우리 삶의 가장 훌륭한 선생은 경험이다. 물론 존경받을 만한 교사나 좋은 책, 어떤 법칙들 모두 나름대로 가치가 있지만 그것이 실생활에 활용되지 못한다면 죽은 지식이나 다름없다. 반면에 경험은 우리에게 누가 어떤 말로도 설명할 수 없는 산지식을 전달해준다.

그러므로 경험을 쌓기 위해 냉혹한 현실과 맞닥뜨리는 것을 두려워하지 말라. 현실에 발을 딛고 자신의 일에 몰두하며, 유혹과 시련을 과감히 떨치고, 수시로 나를 괴롭히는 고통과도 맞대결해야만 한다. 세상과 담을 쌓고 고독에 몸을 담근 채 자기 안에 파묻혀 지내다 보면 자기만족은 있을지라도 자기 발전은 없다.

당신은 비겁한 게으름뱅이가 되고 싶은가? 고독이라는 허울을 뒤집어쓰고 시대에 뒤떨어진 채 껍데기 속의 달팽이로 살고 싶은가?

아마도 선뜻 동의할 사람은 없을 것이다. 세상으로 나와라! 과감히 자신을 내던지는 것이다. 사회의 일원으로 산지식을 배우기 위해 적극적으로 참여하고, 거친 파도를 만나더라도 정신 똑바로 차리고 몸의 중심을 잡는 것이다.

물론 내성적이고 소극적인 성격일수록 이런 주문이 힘겹게 느껴질 수 있고 고된 훈련을 필요로 하는 것인 줄은 안다. 그러나 세상과 멀어진 채 은둔 생활을 하면서 자기비하와 절망에 젖어 사는 것보다 훨씬 낫다는 것을 확신한다.

자, 이제 당신은 물가에 나온 어린아이 같은 심정으로 다음의 수칙들을 항상 염두에 두고 행동하기 바란다.

첫째, 자신을 올바로 아는 것이다.

'너 자신을 알라'는 소크라테스의 충고처럼 자기 자신을 올바로 아는 것은 쉬운 일이 아니다.

『걸리버 여행기』의 작가로 잘 알려진 스위프트는 "자신의 능력을 아는 사람은 잘못된 인간상을 자신에게 적용시키지 않지만, 자신의 능력을 제대로 알지 못하는 사람은 자신의 허상을 만들어낸다."고 지적했다.

자신의 실체를 올바로 인식하는 사람은 자기 신념의 발판을 마련하는 것도 쉽다. 자신의 능력을 제대로 파악하지 못한다면 큰일을 이룰 수 없으며 마음의 평화 또한 얻지 못한다.

자기 분수를 알고 자신보다 훌륭한 사람들의 경험과 가르침을 받는 것을 부끄럽게 생각하지 말자.

우리들이 상식이라고 부르는 것들도 알고 보면 어디에나 있을 수 있고 벌어질 수 있는 일들을 사리 분별을 갖고 처리한 결과에 지나지 않는다. 상식을 몸에 익히는 데는 인내심과 주의력, 정확한 판단력만 있으면 된다.

흔히 "저 사람은 사리가 밝아!"라는 말을 하는데, 그것은 자신이 실제로 겪고 보고 배운 지식을 기초로 행동할 때 가능하다. 혼자 자기 틀 안에만 갇혀 있는 사람일수록 상상력만 풍부해서 자기 과신의 증세를 보이고 이상주의로 흐르는 경향이 있다.

둘째, 시간을 아끼는 습관을 갖자.

지나온 세월을 돌이켜볼 때 한숨만 나오는가, 아니면 뿌듯한 감회도 느끼는가. 혹시 시련과 역경 속에서 안절부절못하고 불평불만만 늘어놓지는 않았는가?

경험을 통해 얻은 것들은 우리가 숨 쉬고 생각하고 밥을 먹는 일상생활 속에 어떠한 형태를 이루어 나타나게 된다. 생활은 곧 시간이다. 시간은 때때로 흘러간 과거를 미화시킴으로써 사람의 마음을 위로하기도 한다.

인생을 살아오면서 겪게 되는 모든 고통이나 시련도 시간이 가면 저절로 해결된다고 하지 않던가. 시간은 경험을 축적시키고 지식을 키워준다. 또한 젊은 사람의 친구이자 적이 될 수 있다.

젊었을 때 인생을 어떻게 보냈는가에 따라 노년의 행복과 불행이 좌우된다. 독일의 극작가인 실러는 "시간은 인간의 천사."라고 극찬했으며, 베이컨은 "시간은 가장 위대한 개혁자."라고 말했다.

셋째, 자기중심적인 성격은 환영받지 못한다.

이기주의는 그야말로 편협한 자기 몰두에 지나지 않는다. 너무 자신감이 없어도 주눅이 들어 기를 펴지 못하고 소극적으로 흐르지만, 반대로 자신감이 넘쳐 모든 것을 자기중심적으로 해결하려 드는 처세도 옳지 못하다.

이기주의적인 발상은 가족들 사이에서도 환영받지 못한다. 너무 우월감에 빠져 가족도 몰라보고 모든 사람들을 다 자기 아래로 내려다보며 자기도취에 빠져 지내는 것은 시간 낭비의 일종이라는 것을 명심해두자.

넷째, 기품 있는 인간이 되도록 힘쓰자.

사람의 성격은 생김새만큼이나 천차만별이다. 자기 계획에 따라 절도 있게 사는 사람은 인생이 너무 빡빡해 보이며, 반면 아무 계획 없이 되는대로 편하게 사는 사람은 한심해 보인다. 따라서 조절과 조율이 필요하다. 때로는 절도 있게, 또 때로는 정열적으로.

이상과 현실이 조화를 이룰 때 의미 있는 인생이 된다. 사람이 너무 건조하고 감정이 메말라 있으면 일벌레처럼 여겨질 뿐만 아니라 무슨 일에도 감동할 줄을 모른다. 현실에 발을 디디고 사는 것은 성실해 보이고 믿음직스러워서 신뢰감을 주지만, 한편 비집고 들어갈 틈이 없어 보는 이에게 답답한 느낌을 준다.

때로는 감정적일 필요가 있다. 감정에 기대어보는 것도 일종의 휴식이다. 영화를 보거나 책을 읽거나 음악을 듣는 것 모두 감정의 정화에 도움이 되며 정신적인 휴식의 일종이다. 낭만적이라고 해서 남들과의 경쟁에 뒤진다고 생각하면 오산이다.

사람은 스스로 자기를 만드는 것이다. 기품은 저절로 몸에 배는 것이 아니다. 이성과 감정을 잘 조절하고, 감정적인 재산을 축적하는 것도 인격 형성의 한 과정이다.

다섯째, 시련에 굴복하지 않는다.

용기 있는 사람은 어떤 고난을 겪어도 오뚝이처럼 벌떡 일어선다. 웬만한 시련은 그를 쓰러뜨리지 못한다. 목표가 뚜렷하기 때문이다. 자신이 표적으로 삼고 있는 성공에 근접하기 전에는 어떠한 시련도 시련으로 여기지 않는다.

벌목공들이 숲에서 나무를 찍을 때도 마찬가지다. 우람한 나무일수록 단번에 쓰러지지 않는다. 수십 번, 혹은 수백 번을 찍어야 비로소 넘어간다. 벌목공이 나무를 찍어 넘어뜨릴 동안 나무에 찍힌 수없이 많은 도끼 자국이 바로 노력의 흔적이다.

사실 우리는 누구나 인생에서 성공하기를 원한다. 성공 후의 결과는 충분히 상상할 수 있지만 성공하기까지의 과정은 짐작도 할 수 없을 정도로 힘들고 고되다. 그러나 대부분 성공한 후의 모습을 상상하지, 성공하기까지 치러야 하는 고난은 생각하지 못하는 어리석음을 범한다.

어떤 사람이 부와 명예를 다 가진 친구에게 부럽다고 하자, 그 친구가 말했다.

"자넨 내가 부러울 테지? 그렇다면 내 재산을 아주 저렴한 값에 자네에게 양도하겠네. 방법은 아주 간단해! 정원으로 나가서 30보쯤 떨어진 곳에서 내가 자네한테 총을 두 방 쏘는 거야. 두 방 다 쐈는데도 자네가 죽지 않는다면 내 재산 모두 가지게!"

"그, 그게 무슨 소리야? 그러다 죽으면……. 생각만 해도 난, 난 싫네!"

"싫다고? 그럼 잘 듣게! 난 오늘의 내 명예와 부를 이루기 위해 자네보다 훨씬 더 가까운 거리에서 열 발도 넘는 총알을 맞을 뻔한 위기를 수없이 겪어왔네. 그런데 사람들은 그걸 모르고 그저 부러워하기만 해. 그게 문제 아니겠나?"

그렇다. 성공은 멀고도 험난한 여정을 통해 도달하는 인생의 정점이다.

★ 자신의 실체를 올바로 인식하는 사람은 자기 신념의 발판을 마련하는 것도 쉽다. 자신의 능력을 제대로 파악하지 못한다면 큰일을 이룰 수 없으며 마음의 평화 또한 얻지 못한다.

얼굴은 그 사람의 마음

"얼굴을 보면 그 사람의 마음을 짐작할 수 있다."

누구든지 납득할 수 있는 말이다. 그래서 얼굴은 마음의 거울이라는 말도 생겼나보다. 거울은 숨김없이 모든 것을 비춰준다.

그런 것처럼 우리의 얼굴 표정도 심리 상태에 따라 달라질 수밖에 없다. 그것을 얼마만큼 잘 관리하느냐에 따라 남들에게 보이는 면도 천차만별이다.

말하자면 이미지 관리를 잘하느냐 못하느냐는 표정 관리에 달려 있다는 뜻이다. 속이 아무리 상해도 늘 웃는 얼굴을 하는 사람이 있는가 하면, 무엇이 그렇게 못마땅한지 항상 찡그리고 다니는 사람이 있다. 그러나 대인관계의 첫 관문이 첫인상인 만큼 웃는 얼굴은 자신에게 플러스가 되면 됐지 마이너스가 되지는 않는다.

생각해보라! 늘 찡그리고 우는 상이면 말을 붙이기도 싫을 것이다. 언제나 화난 것을 참고 있는 듯 씩씩대는 사람에게 선뜻 말을 붙일 수 있을까.

사람이라면 누구나 활짝 웃는 사람, 슬픔도 인내로 승화시키는 사람, 분노를 용서로 다독거릴 수 있는 사람에게 호감을 느낀다.

'미소는 행운의 여신'이라는 금언을 떠올리지 않더라도 늘 입가에 잔잔한 미소가 떠나지 않는 사람은 보는 이의 마음에 안정과 푸근함을 가져다준다.

사실 기쁨, 분노, 슬픔, 즐거움, 사랑, 악함, 욕망 등 인간의 모든 감정이 얼굴에 담겨 있다는 것을 부정할 수는 없다. 다만 얼마나 그런 마음을 안으로 삭이고 감추면서 자신을 잘 다스리느냐에 따라 인생의 행로도 달라진다.

행복해지고 싶은가? 그렇다면 거울 보고 웃는 연습부터 해 보라.

웃음은 전파하는 힘이 매우 크다. 누군가가 크게 웃기 시작하면 그다지 재미있지 않은 일도 재미있게 여겨져 다 같이 웃게 된다.

"웃는 얼굴에 침 뱉으랴."라는 속담은 영원한 고전이다.

자신이 처한 상황을 얼굴 표정으로 일일이 남에게 다 보고하려 하지 마라. 그러잖아도 세상은 복잡하고 사람들은 저마다 골치 아픈 일을 안고 산다. 그런 사람들 속에서 늘 찡그린 얼굴을 하고 있다면 누가 상대해주겠는가.

    * 얼굴은 대인관계의 첫 관문으로 통한다. 그러므로 웃는 얼굴은 자신에게 플러스가 되면 됐지 마이너스가 되지는 않는다. 사람이라면 누구나 웃는 얼굴에 호감을 느끼기 마련이기 때문이다.

좋은 친구는
인생의 가장 큰 보물이다

인격 교육의 성공 여부는 누구를 표본으로 하느냐에 따라 결정된다. 해군장교 콜링우드는 젊은 후배에게 다음과 같은 편지를 보냈다.

"하찮은 친구와 교제할 생각이라면 차라리 혼자서 살게. 이 말을 자네 삶의 지표로 간직해두길 바라네. 친구를 사귀려거든 자신보다 뛰어난 사람이든가, 아니면 최소한 자네와 동등한 정도의 사람을 친구로 삼기 바라네. 인간의 가치는 항상 주변 사람의 가치에 따라서 결정되기 때문일세."

영국의 유명한 의사 시드넘도 이런 말을 남겼다.

"사람은 자기와 자주 대화를 하는 상대가 선한 사람인가, 악한 사람인가에 따라 선해지기도 하고 악해지기도 한다."

또한 화가 피터 렐리는 평생 동안 가급적 싸구려 그림은 보지 않으려 했다. 하찮은 그림에 영향을 받게 되면 자신의 화필마저도 더러워진다고 믿고 있었기 때문이다.

이만큼 젊은 시절에 좋은 친구를 사귀는 것은 그 사람의 인생에 중요한 영향을 미칠 수 있다.

정치학자 프랜시스 호너는 사람들과 유대를 맺는 것의 중요성을 다음과 같이 역설하였다.

"솔직히 말해서 지금까지 읽은 그 모든 책들을 합친 것보다 한 사람의 훌륭한 인격자와 친교를 맺은 것이 내 인격과 지성을 훨씬 더 높여주었다."

영국의 정치가 셀번은 젊은 시절 프랑스의 고명한 정치가 말제르브를 만났던 당시의 감동을 훗날 이렇게 회고하였다.

"나는 여기저기 무척 많은 곳을 여행했고, 사람들도 꽤 많이 알게 됐지만, 그분한테만큼 감명받은 일은 없습니다. 앞으로 내가 남을 위해서 봉사를 한다면 바로 그분의 영향력 때문일 것입니다."

좋은 친구와 교제하게 되면 반드시 감화를 받게 된다.

작가 존 스털링이 친구들에게 끼친 영향은 참으로 지대한 것이었다. 존 스털링과 가깝게 지낸 사람들은 한결같이 그로 인해 유익한 삶을 살게 되었다고 증언하고 있다. 많은 사람들이 그의 참다운 언행에 감화되었고, 개중에는 그를 만난 이후 완전히 달라진 인생을 살았던 경우도 있었다.

종교학자인 트렌치도 존 스털링을 회상하며 이렇게 말했다.

"그의 고귀한 인격에 접하고 있노라면 나 자신도 그를 닮아가는 것처럼 느껴집니다."

하이든의 천재적 자질은 헨델에 의해서 개발되었다고 해도 과언이 아니다. 그는 스스로도 헨델의 연주를 듣고 음악가로서의 정열을 불태웠다고 고백하였다.

사실상 하이든 자신이 고백한 것처럼 그의 걸작 오라토리오 「천지창조」는 헨델과의 만남이 아니었다면 이 세상에 나오지 못했을 것이다.

하이든은 헨델에 대해서 평하기를 "그는 일단 곡에 대한 영감이 떠오르면 번개처럼 돌진해 가는 사람이다."라고 말했다.

"헨델이 작곡한 그 어떤 멜로디를 듣더라도 나는 피가 끓어오르는 듯한 느낌이었다."는 것도 하이든의 고백이었다.

그런 한편 작곡가 스카를라티는 열렬한 하이든 신봉자로서 그를 따라 이탈리아 전역을 돌아다녔다. 스카를라티는 당대의 거장 하이든을 떠올릴 때마다 경건한 마음으로 십자가를 그을 정도였다.

진정한 예술가는 상대방의 재능을 솔직히 인정해주는 아량도 갖고 있다. 베토벤은 어딜 가나 케루비니의 음악성을 아낌없이 칭찬해주는 미덕을 발휘하였다. 또한 슈베르트의 천부적인 재능에 대해서도 다음과 같이 뜨거운 찬사를 보냈다.

"진정 슈베르트의 가슴속에는 신의 불꽃이 타오르고 있다."

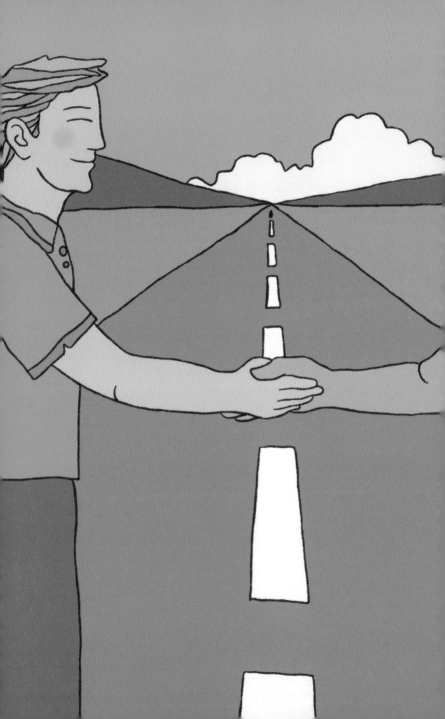

미술 분야에서도 예외는 아니다. 가령 화가 노스코트는 젊은 시절 레이놀즈에게 심취해 있었다. 그는 어찌나 레이놀즈를 동경했던지 어느 날 이 위대한 화가가 공개석상에 나타나자 정신없이 군중 틈을 헤치고 들어가서 그에게 가까이 다가갔다.

"레이놀즈 선생의 옷자락만 만져도 나는 감동으로 벅찰 지경이었다."

당시 상황에 대한 훗날 노스코트의 고백이었다.

---

* 사람은 자기와 자주 대화를 하는 상대가 선한 사람인가, 악한 사람인가에 따라 선해지기도 하고 악해지기도 한다. 그렇기에 자신의 참모습을 알고 싶거든 그가 어떤 친구를 사귀는지 살펴보라는 것이다.

참다운 웅변은
말없는 실천이다

우리는 알게 모르게 남의 행동이나 말에 영향을 받기도 하고 자신의 말이나 행동으로 남에게 커다란 영향을 끼치기도 한다.

그러한 영향을 끼치는 존재가 반드시 대단한 위치에 있는 사람만은 아니다. 낮은 곳에 있는 촛불도 높은 곳에 세워둔 촛불과 똑같은 빛으로 주위를 밝혀주는 것처럼 우리 주변의 모든 사람들이 삶의 귀중한 스승이 될 수 있다.

이를테면 행상을 하거나 도시 뒷골목을 청소하는 사람일지라도 주위의 본보기가 될 수 있다. 참된 인간은 보잘것없는 환경에서도 끊임없이 성장하기 때문이다.

영국의 시인 포프는 자신의 출신이 비천하다고 야유하는 사람에게 당당하고 거리낌 없이 다음과 같이 말했다.

"솔직히 말해서 내 부모는 보잘것없는 사람이었다. 하지만

나의 자존심을 해치는 일을 한 적은 한 번도 없었다. 그러한 부모 밑에서 자란 나 또한 당신이 알다시피 한 점 부끄럼도 없이 떳떳하게 살아가고 있다. 이만하면 되지 않았나?"

아무리 유능한 지도자라 해도 뒷짐 지고 선 채로 명령만 하는 사람은 결코 존경받지 못한다. 남을 이끌어주고 싶은 만큼 행동으로 모범을 보여야 참된 지도자인 것이다.

치솜 부인은 자신의 성공 비결을 이렇게 말했다.

"상대방이 어떤 일을 하기를 원한다면 스스로 솔선해서 행동하는 것입니다. 입으로 아무리 떠들어보았자 아무 소용도 없습니다."

훌륭한 업적을 성취하는 사람은 웅변가도 아니며, 고고한 사상가도 아니며, 오직 행동으로 사람을 설득하는 인간인 것이다.

포츠머스의 일개 구두 수선공인 존 파운즈는 빈민학교 설립운동에 크게 영향을 미친 인물이다. 그는 이와 같은 학교 설립의 필요성을 입으로 역설한 것이 아니라 철저한 실천으로 자신의 신념을 관철한 것으로 더 유명하다.

빈민학교 설립운동의 핵심 인물인 토머스 거스리는 존 파운즈로부터 자신이 어떤 영향을 받았는지 이렇게 회고하였다.

"나는 한 장의 그림을 본 것이 계기가 되어, 빈민학교에 관심을 갖게 되었다. 몇 해 전 볼일이 있어 한 도시에 갔다가 잠시 휴식을 취하려고 여인숙에 들렀다. 그런데 방 안에는 한 장의 훌륭한 판화가 벽에 걸려 있었다. 구두 수선공의 방이 그려져 있는 그림이었다. 늙은 수선공이 코끝에 안경을 걸친 채 두 무릎 사이에 낡은 구두 한 짝을 끼우고 열심히 일을 하고 있다. 그리고 바로 옆에는 남루한 누더기를 걸친 소년과 소녀가 선 채로 공부를 하고 있는데, 늙은 수선공이 사랑과 자애심이 넘치는 눈길로 그 아이들을 바라보고 있는 것이다.

나는 호기심을 이기지 못하고, 그 그림의 설명서를 읽어 내려갔다. 설명서의 내용은 대충 이러했다.

그림의 모델은 포츠머스의 구두 수선공 존 파운즈. 수많은 빈민굴 아이들이 사회로부터 소외되어 부랑아처럼 거리를 방황하는 것을 불쌍히 여긴 이 노인은 『성경』에 나오는 선량한 목자(牧者)처럼 불우한 어린이를 모아놓고 교육을 시켰다.

더구나 그는 구두 수선공으로 일해서 얻은 보잘것없는 수입으로 지금까지 500명 이상의 어린이를 굶주림과 외로움에서 구출해냈다는 사연이다.

'도대체 나는 지금까지 무엇을 했단 말인가…….'

순간 나는 자책감으로 가슴이 미어지는 듯했다.

이때부터 나는 존 파운즈에게 관심을 갖게 되었다. 항구도시 포츠머스 해변에서 누더기를 걸친 채 어린이들을 자기 집으로 데려가려는 파운즈의 모습이 종종 눈에 띄었다.

그러나 경찰관이 아닌 그의 능력으로는 부랑아들을 집으로 데려가기가 좀처럼 쉽지 않았다. 그 아이들이 감자를 좋아한다는 사실을 알게 된 그는, 자신도 그들과 같은 누더기를 걸치고 삶은 감자를 꺼내 보이며 열심히 뒤를 쫓아다니는 것이었다.

　나는 그런 파운즈의 모습을 바라보며 이 사람이야말로 인류의 자랑스러운 보배라고 생각했다. 그리고 그와 같은 생각은 지금도 변함이 없다."

＊ 아무리 유능한 지도자라 해도 뒷짐 지고 선 채로 명령만 하는 사람은 결코 존경받지 못한다. 남을 이끌어주고 싶은 만큼 행동으로 모범을 보여야 참된 지도자인 것이다. 행동으로 사람을 설득하는 인간이 훌륭한 업적을 이룰 수 있다.

인생을 변화시키는
한 권의 책

우리는 한 사람의 용기 있는 행동이 주위 사람들에게 큰 힘을 주는 경우를 종종 보게 된다. 한 사람의 영웅을 둘러싸고 무수한 추종자들이 나타나는 것도 바로 그 때문이다.

고대 그리스의 부족국가 에피루스의 왕자 스캔더베그가 싸움터에서 세상을 떠나자 터키 사람들은 왕자의 심장에서 가장 가까운 곳에 있는 뼈를 꺼내 간직하고 싶어 했다.

비록 전쟁터에선 적국의 왕자였지만 그가 생전에 보여준 용기와 투지를 조금이라도 닮고 싶었던 것이다.

'닮고 싶다'는 마음은 곧 그 사람에게 강한 영향을 받았다는 증거이다. 우리는 위인들의 전기를 통해서도 그와 같은 영향을 받곤 한다.

시인 밀턴은 위인들의 발자취가 고스란히 담긴 전기(傳記)를 '거장의 정신 속에 맥박 치는 혈액'이라는 멋진 말로 표현하였다.

전기는 인간의 무한한 가능성을 실증하는 활자화된 모범이며, 삶의 이정표를 제시해주는 하나의 표본이 되기도 한다. 특히 아직 삶의 목표가 확실하게 잡히지 않은 젊은이들에게는 위인의 전기가 훌륭한 거울이 될 수도 있다.

프랭클린은 훗날 자신의 인생을 변화시킨 요인으로 종교학자 코튼 매더의 자전적 저서인 『선을 담은 수상집』을 꼽았다.

그는 자신이 남에게 도움을 주게 된 것도 바로 이 책과의 만남 때문이었다며, 코튼 매더가 자신의 진로에 큰 영향을 끼쳤다고 말했다.

이와 같이 훌륭한 본보기가 되는 인생은 후세들에게도 값진 유산으로 남게 되는 것이다.

굳이 목적한 것이 아님에도 우연히 손에 든 책 한 권으로 인생의 전환점을 맞이하게 되는 경우도 있다.

로욜라 대주교는 한때 전쟁에 출전했다가 전투에서 발목 부상을 당하고 야전병원에 수용되었다. 하루 종일 병실을 지키고 누워 있기가 무료했던 그는 시간을 때울 겸 읽을 만한 책을 빌려달라고 간호장교에게 부탁했다.

그리하여 읽게 된 것이 『성자열전(聖子列傳)』이라는 책이었는데, 로욜라는 이 책을 읽고 너무나 깊은 감동을 받은 나머지 마침내 새로운 종교조직을 창설하기로 결의를 굳히게 되었다. 한 권의 책이 그의 인생을 완전히 새로운 방향으로 이끌었던 것이다.

또한 마르틴 루터도 『얀 후스의 생애와 저작』이라는 책을 읽은 것이 계기가 되어 종교개혁이라는 엄청난 사업에 일생을 바쳤다.

그런가 하면 월프 박사는 젊었을 때 『프란시스코 사비에르의 생애』라는 책을 읽고 큰 자극을 받아 복음 전도를 위해 일생을 바친 경우였다.

윌리엄 케리도 쿠크 선장의 항해에 관한 책을 읽고 숭고한 선교사업에 뜻을 품게 되었다.

프랜시스 호너는 자신에게 크게 감명을 준 책의 독후감을 일기장이나 편지 속에 남겨두는 습관이 있었다. 그가 독후감을 남긴 책에는 콩도르세가 쓴 『홀러를 추모하는 글』, 조슈아 레이놀즈가 지은 『인생 강화』, 베이컨의 문집 등이 있는데, 그 중 화가 레이놀즈의 책에 대해서 이렇게 기록하고 있다.

"베이컨의 저서를 제외하고 이처럼 자기 수양의 필요성을 강하게 느끼게 한 책은 없다. 레이놀즈는 사람이 위대하게 되려면 어떠한 길을 걸어야 하는가에 대해서 구체적으로 설명해주고 있다.

그는 단호하게 '인간에게 있어서 노력이 제일이다'라고 주장한다. 그 자신만만한 주장은 모든 독자들의 공감을 사기에 충분하다. 즉 천재는 선천적인 것이 아니라 노력에 의해서 만들어지는 것이라는 강한 확신을 갖게 되는 것이다. 나는 이토록 선동적인 책을 한 번도 본 적이 없다."

＊ 한 사람의 용기 있는 행동이 백 사람의 마음을 변화시킨다. 우리는 위인들의 전기를 통해서도 그와 같은 영향을 받는다. 전기는 인간의 무한한 가능성을 실증하는 활자화된 모범이며, 삶의 이정표를 제시하는 하나의 표본이 된다.

처신은 겸손하게,
이상은 드높게

인격이라는 것은 지식보다 넓고 깊은 뜻을 갖고 있다. 감정 없는 지성, 행동 없는 지혜, 겸손을 상실한 자질, 이런 것들은 나름대로 힘을 갖지만 잘못하면 사람들에게 해독을 끼치는 것이 되기 쉽다.

그것들은 마치 소매치기의 날렵한 손재주나 사기꾼의 기막힌 술수처럼 공허한 가치일 뿐이다. 즉 인격을 갖추지 못한 그 어떤 능력도 존경받을 만한 경지에까지 이르지는 못한다는 것이다.

진실과 정직, 선량이라고 하는 자질은 인격의 근본요소이다. 여기에 강한 의지가 더해진다면 그야말로 그 무엇과도 비길 수 없는 강점이 되는 것이다.

어떤 사람이 아무런 무기도 없이 길을 걷다가 비열한 암살자의 손에 걸려들었다. 암살자는 그를 비웃듯이 이렇게 큰소리를 쳤다.

"이제 너를 지켜줄 무기도 갖고 있지 않으니 꼼짝없이 죽게 생겼구나!"

그러자 사내는 자신의 가슴에 손을 얹고 이렇게 말했다.

"나를 지켜줄 무기는 바로 이 안에 있다."

이와 같이 고결한 인간의 인격은 어떤 불행이 닥치더라도 눈부신 광채를 뿜어낸다. 모든 사람들이 포기하고 절망에 빠져 신음할 때에도 그는 정직과 용기를 무기로 싸워 끝내 이길 것이다.

법률가 어스킨은 자립심이 강하고 꿋꿋하게 진리를 탐구한 훌륭한 인물이었다. 그는 자신의 평생 좌우명이 된 부모님의 가르침에 대해서 이렇게 말했다.

"어릴 적 나의 부모님은 항상 양심이 명령하는 의무를 다할 것이며, 결과는 다만 하늘에다 맡기라고 가르치셨다. 나는 지금껏 그 가르침을 충실히 실천하며 살아왔고, 앞으로도 그럴 것이다.

나는 부모님의 이 가르침을 지키며 살아가는 동안 수많은 희생도 치렀다. 그러나 조금도 후회하지 않는다. 오히려 그와 같은 삶이야말로 결국 번영과 행복으로 나를 이끌어주었다. 나는 내 아이들에게도 나와 똑같은 길을 걷도록 가르칠 생각이다."

모름지기 사람은 누구든 훌륭한 인격을 소유하는 것을 인생 최대의 목적으로 삼아야 한다. 올바른 수단으로 인격을 얻고자 노력한다면 더욱 분발하게 될 것이며, 마침내 흔들림이 없는 인생을 살게 될 것이다.

설사 노력이 이루어지지 않더라도 인생에 높은 목표를 갖는다는 것은 조금도 헛된 일이 아니다.

정치가인 디즈레일리는 이런 말을 했다.

"얼굴을 높이 쳐들려고 하지 않는 젊은이는 항상 발밑을 내려다보며 살게 될 것이고, 높이 날려고 하지 않는 정신은 땅바닥을 기어다니는 운명을 면치 못할 것이다."

조지 허버트의 시에도 비슷한 교훈이 담겨 있다.

처신은 겸손하게,
이상은 드높게 가져라
그리하면 겸손하고 너그러운 사람이 되리니
용기를 잃지 말고 하늘을 겨냥하라
그대는 나무를 겨냥한 사람보다
훨씬 더 높이 오를 터이니

생활과 사고에 높은 기준을 세워놓고 살아가는 인간은 확실히 발전과 향상을 성취하게 된다. 최고의 성과를 얻고자 노력하면 누구든 출발점보다 훨씬 앞서 나갈 수 있다. 부득이 궁극의 목표 지점에 도달하지 못한다고 해도 향상을 위한 노력은 반드시 이로운 보상을 받게 될 것이다.

* 고결한 인간의 인격은 어떤 불행이 닥치더라도 눈부신 광채를 발한다. 모든 사람들이 절망에 빠져 신음할 때에도 그는 정직과 용기를 무기로 싸워 끝내 이길 것이다.

이상을 현실에
접목시키는 비결

홀륭한 인격자라면 모름지기 언행일치의 삶을 산다. 항상 성실한 언동에 힘을 기울이는 것이 인격자의 자랑스러운 특질인 것이다.

위대한 정치가 로버트 필이 세상을 떠난 후 웰링턴이 의회에서 행한 추도사에는 고인의 홀륭한 인격이 유감없이 표현되고 있다.

"여러분들은 고인의 존경할 만한 기품을 확실히 기억하고 있으리라고 생각합니다. 나 역시도 고인과 더불어 오랫동안 직무를 함께했으며, 개인적으로도 두터운 친교를 맺어왔습니다. 지금 이 자리에서 회고해볼 때 나는 여태까지 그분처럼 신뢰할 만한 인물, 정의감이 넘치는 성실한 인물을 만나본 적이 없었습니다. 그분은 누구보다도 국민생활 향상에 변치 않는 정열을 불태워왔습니다. 나는 그분과 접촉할 때마다 이 사람이야말로 진리에 충실한 삶을 사는구나, 하는 것을 강하게 느끼곤 했습니다. 그것은 틀림없는 사실입니다. 그분은 확신이 서지 않는 일이면 절대로 입 밖에 내지 않았으며, 한번 입 밖에 낸 약속은 반드시 지키는 성실한 사람이었습니다."

언행일치는 고고한 인격을 만드는 기본이 되는 것이다.

노예해방 운동가 그랜빌 샤프가 어느 미국인으로부터 편지를 받았다. 편지를 보낸 사람은 샤프의 훌륭한 인격을 흠모한 나머지 그의 아들 중 하나에게 그의 이름을 붙였다고 했다. 샤프는 곧바로 다음과 같은 회신을 보냈다.

"당신의 아들에게 내 이름을 붙였다니 영광입니다. 그렇다면 우리 집안 대대로 전해 내려오는 가훈도 가르쳐주십시오. 그것은 '사람들에게 존경받기를 원한다면 실속 있는 인간이 되도록 노력하라'는 말입니다. 나는 아버지의 가르침으로 이런 가훈을 몸에 익히게 되었는데, 아버지는 그것을 조부께 배웠다고 합니다. 조부께서는 본시 강직한 분이었는데 항상 매사에 행동과 말씀이 일치하셨다고 합니다."

샤프는 이에 자신을 소중히 하고, 동시에 남을 존중하는 사람이라면 누구든 '자신이 원하는 것을 충실히 이행하라'는 자신의 생활신조도 덧붙여 적었다.

주어진 일에 최선을 다하는 성실한 생활태도는 인간으로서 마땅히 갖춰야 할 자질에 해당한다. 성실한 생활태도를 지닌 사람은 말과 행동이 일치하지만, 그렇지 못한 사람은 결코 남으로부터 존경받을 수가 없으며 신뢰를 얻지도 못하는 것이다.

진실한 인격자는 남이 있는 데서나 없는 데서나 올바르게 행동한다. 어느 초등학교 교실에서 있었던 일이다.

눈앞에 배가 몇 개 놓여 있는데 한 아이는 남몰래 그것을 한두 개 주머니에 넣었고, 다른 한 아이는 주위에 사람이 아무도 없는 것을 알면서도 무심하게 행동했다. 이 모습을 은밀하게 지켜본 교사가 배를 가져가지 않은 아이에게 물었다.

"얘야, 아무도 보는 사람이 없는데도 넌 왜 그것을 가져가지 않았지?"

그러자 아이가 오히려 반문하듯 따져 물었다.

"보는 사람이 없다니요? 선생님, 제가 그 자리에 있었잖아요. 저는 제 자신의 모습을 두 눈으로 똑똑히 보고 있었어요. 그래서 내가 나쁜 짓을 하지 못하도록 감시하고 있었는걸요."

이것은 비록 작은 일이기는 하지만 양심의 중요함을 나타내는 적절한 예라고 할 수 있다. 양심이란 인격을 지켜주는 방패인 동시에 삶의 거울이다. 양심을 지키지 못하면 인격을 지킬 수가 없으며, 일생 동안 유혹의 늪에서 허우적거리게 된다.

일단 유혹에 굴복한 사람은 비열하고 불성실한 습관에 빠져버린다. 설사 나쁜 짓을 하고도 운 좋게 그 일이 발각되지 않았다고 해도 그는 이미 옛날과 같은 사람이 될 수는 없다.

그와 같은 일을 되풀이하는 동안에 점점 불안감에 사로잡혀 양심에 치명적인 가책을 받게 되는 것이다. 그것은 죄인이라면 누구나가 겪게 되는 피할 수 없는 운명이다.

* 진실한 인격자는 남이 있는 데서나 없는 데서나 올바르게 행동한다. 언제 어느 때건 성실한 언동에 힘을 기울이는 것이 인격자의 자랑스러운 특질인 것이다.

진정한 용기는
부드러움과 공존한다

　참다운 인격자는 보통 사람의 배(培) 이상으로 성실함을 몸에 지니고 있다. 그들은 성실만이 삶의 영예이며, 성실만이 정의를 구현할 수 있다는 것을 확신하고 있기 때문이다.

　체스터필드 공작은 일찍이 진정한 성공은 성실함에 의하여 구축되는 것이라고 말했다.

　참다운 용기와 부드러움은 같은 길을 걸어간다. 용감한 인간은 도량이 넓으며 관대하다. 남을 배려하지 않고 잔인한 행위를 서슴지 않는 것은 진정한 용기라고 할 수 없다. 용감한 항해가 존 프랭클린의 한 친구가 그에 대해 이런 말을 한 적이 있다.

　"그는 결코 위험에 등을 돌리는 위인이 아니다. 그러면서도 성격은 모기 한 마리도 죽이지 못할 만큼 온유하다."

　이 친구의 말처럼 프랭클린은 진짜 용기 있는 사람의 전형을 행동으로 보여준 인물이었다.

프랑스의 네이 장군이 보여준 고결하고도 사려 깊은 행동 또한 예로 들 만하다.

영국의 군인 찰스 네이피어가 코루나 전투에서 중상을 입고, 프랑스군의 포로가 되었을 때의 일이다. 네이피어의 친구들은 네이 장군에게 특사를 파견하여 포로와의 면회를 요청했다. 장군이 요청을 받아들이며 부하인 클루에 남작에게 명령을 내렸다.

"네이피어를 특사와 만나도록 주선해주되 건강하고 훌륭한 대우를 받으며 지내고 있다는 것을 직접 당사자의 입을 통해서 알려주도록 하시오."

그런데 클루에 남작은 명령을 듣고도 곧바로 방에서 나가려고 하지 않았다. 이를 이상히 여긴 장군은 웃음 띤 얼굴로 그를 바라보았다.

"나에게 무슨 할 말이 있소?"

"저, 다름이 아니라 네이피어 경은 시골에 눈먼 노모님이 살고 계신 모양입니다."

"아니, 그게 사실인가? 그렇다면 빨리 석방을 해야 되겠군. 어머니에게 건강한 모습을 보여주는 것이 아들로서 최선의 효도가 아니겠는가."

당시는 나라와 나라 사이의 포로교환은 허용되지 않던 상황이었다. 네이 장군도 자신이 네이피어를 석방하면 나폴레옹을 노엽게 할 수도 있음을 잘 알고 있었다.

그럼에도 불구하고 장군은 노모를 염려하는 젊은 영국장교를 석방시키는 결단을 내렸던 것이다. 그리고 훗날 나폴레옹도 네이 장군의 관대한 아량에 감동했던지 크게 문책하지 않았다고 한다.

진정한 인격을 측정하는 척도는 얼마든지 있다. 그중에서도 틀림없는 방법은 손아랫사람들을 대하는 그 사람의 태도를 보는 것이다.

남성일 경우에는 여성이나 어린이에게 어떤 태도를 취하는가? 상사라면 부하를 어떻게 다루는가? 고용주라면 사용인을, 교사라면 학생을 어떻게 다루는가? 그리고 이와 같은 경우에 분별과 관용 그리고 배려를 아끼지 않는 행동을 취하는지 여부로 그 사람의 인격을 추측할 수 있는 것이다.

맹인이자 유명한 시인이었던 라 모트는 어느 날 혼잡한 거리를 걷다가 그만 아차 하는 순간에 한 청년의 발등을 밟고 말았다. 그러자 청년은 버럭 화를 내며 보기 좋게 라 모트의 뺨을 후려갈겼다.

이때 라 모트는 이렇게 탄식했다고 한다.

"당신은 언젠가는 자신의 행동을 후회할 날이 올 것입니다. 내가 눈먼 맹인이라는 사실을 알게 되면……."

상대방이 저항하지 못할 것을 알고도 괴롭히는 사람은 결코 참다운 인격자라고 할 수 없다. 약한 사람, 의지할 곳이 없는 사람들을 괴롭히는 인간은 옹졸한 소인배에 불과하다.

비열한 인간은 언젠가는 폭군으로 변해버린다. 마음이 올바른 사람은 결코 힘에 의지하지 않는다. 설사 꼭 그럴 만한 일이 있더라도 신중을 기하는 것이다.

폭군은 결국 힘의 노예에 지나지 않는다. 정당한 사람들이 지니고 있는 힘, 그 힘에 대한 바른 의식은 그들의 인격에 고상한 정신을 부여한다.

진정한 인격자라면 사소한 행위에도 타인에 대한 배려가 완벽하다. 상대편이 나와 대등한 입장이건 다소 처지는 입장이건 차별하지도 않는다.

참다운 인격자는 타인의 행동을 비판하여 사태를 악화시키기보다는 자신이 다소 상처를 입더라도 참고 견디는 편을 택한다.

그리고 자기보다 불우한 환경에 처해 있는 사람의 약점이나 과실에 대해서는 관대하게 포용해주는 것이다. 부(富)나 능력이나 재능에 교만치 않으며, 성공에 대해서도 자랑치 않으며, 실패를 하더라도 결코 낙담하지 않는다.

부드러움은 사실상 인격의 최고 표준이라 할 수 있다. 타인의 감정을 이해하고 그들의 자존심을 존중해주는 것, 진정한 인격자의 품성에는 늘 이런 것이 있기 마련이다.

약한 사람들, 실패한 사람들, 실수를 저지른 사람들, 심지어는 짐승에게까지 자비를 베풀 줄 아는 사람이야말로 진정한 인격자이다. 그리고 남에게 자기주장을 무리하게 강요하지 않으며, 의견을 요구받을 때에는 자신의 생각을 당당하게 피력한다.

일상생활이 아무리 바쁘더라도 이것을 제쳐두고 남을 위해서 봉사할 줄 알고, 절대로 생색내지 않고 남에게 은혜를 베풀 줄 아는 사람. 이런 사람이 우리 사회에 꼭 필요한 인물, 바로 참다운 인격자인 것이다.

★ 비열한 인간은 언젠가는 폭군으로 변해버린다. 마음이 올바른 사람은 결코 힘에 의지하지 않는다. 약한 사람, 의지할 곳 없는 사람들을 괴롭히는 인간은 옹졸한 소인배에 불과할 뿐이다.

세상에서 가장 소중한 나를 이겨라

초판 1쇄 발행 2023년 9월 19일

지은이 새뮤얼 스마일스
옮긴이 이민규
펴낸이 이춘원
펴낸곳 노마드
기 획 강영길
편 집 이경미
디자인 민혜준
마케팅 강영길

주 소 경기도 고양시 일산동구 무궁화로120번길 40-14(정발산동)
전 화 (031) 911-8017
팩 스 (031) 911-8018
이메일 bookvillagekr@hanmail.net
등록일 2005년 4월 20일
등록번호 제2014-000023호

ISBN 979-11-86288-66-5 (03320)